허공을 나는 새는
흔적을 남기지 않는다

묘원

KB191464

행복한 숲

머 리 글

고등학교 때 담임선생님께서 늘 하시던 말씀이 있습니다. "무슨 일이나 뒷정리를 잘하고 자기가 한 일에 흔적을 남기지 말라"고 하셨습니다. 저는 이 말씀을 자기가 앉았다가 일어난 자리를 깨끗하게 정리하고 일어나는 것으로 생각했습니다.

선생님의 말씀은 도덕적이었지만 금과옥조는 아니었습니다. 높은 이상을 가진 고귀한 가르침이 아니고 일상적인 말로 느꼈기 때문입니다. 그래도 이 말씀이 무엇인가 의미가 있는 것 같아 오래 기억하였습니다. 돌이켜 생각하면 자신의 몸과 마음에 답이 있는 것을 모르는 것이 바로 범부의 마음입니다.

"허공을 나는 새는 흔적을 남기지 않는다"는 말씀은 붓다의 가르침입니다. 이 가르침을 새기면서 담임선생님께서 하신 말씀의 의미를 새롭게 느낍니다. 자기의 행실이 바를 때 뒤끝이 깨끗합니다.

어리석음과 욕망을 가지고 살면 하는 일마다 흔적을 남겨 그 과보로 인해 괴롭게 삽니다.

악한 일은 돌처럼 무거워서 흔적을 남겨 윤회를 합니다. 선한 일은 바람처럼 가벼워서 흔적을 남기지 않아 윤회가 끝납니다. 허공을 나는 새처럼 흔적을 남기지 않을 때 자유를 얻어 윤회의 사슬에서 풀려납니다.

괴로움은 참기 어려운 것입니다. 누구도 참기 어려운 괴로움의 원인이 무엇인지 모릅니다. 하지만 이제 알았습니다. 모든 괴로움이 자신의 어리석음과 욕망이 남긴 흔적이라는 것을. 어리석을 때 어리석은 것을 알아차리고, 욕망이 있을 때 욕망이 있는 것을 알아차리면 허공을 나는 새처럼 흔적을 남기지 않아 완전한 자유를 얻습니다.

묘원 합장

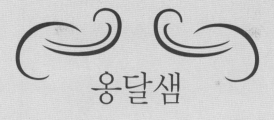

옹달샘

1

기준

인간관계가 어렵다면 오직 자기 생각에 빠져있기 때문이다.
자기만의 기준으로 생각하고 말하고 행동하면
남의 생각과 공존할 수 없다.
그러면 자기도 괴롭고 남도 괴롭다. 세상은 자기 혼자만 있지 않다.
그럼에도 자기 기준만 있다면 가장 어리석은 사람이다.

1. 새해

새해는 창문으로 온다.
밝음이 어둠을 조금씩 밀어내면서
새해가 창문으로 들어온다.

새해는 마음으로 온다.
지나간 마음이 새로운 마음이 되면서
새해가 마음에서 일어난다.

새해는 아침인사로 온다.
안녕이라고 인사하는 밝은 미소로
새해가 인사로 온다.

새해는 소망으로 온다.
모든 것이 잘되기를 바라는 마음으로
새해가 소망으로 시작된다.

2. 허공을 나는 새는
흔적을 남기지 않는다

몸과 마음을 있는 그대로 알아차리는 순간에는 자아가 없고 탐욕과 성냄과 어리석음이 없다. 오직 대상과 아는 마음만 있을 때 번뇌가 침투하지 못한다. 내가 한다는 의식이 없고 세속의 번뇌가 없으면 허공을 나는 새처럼 아무런 흔적을 남기지 않는다.

아무런 흔적이 없을 때 다시 받을 것이 없어 새로 태어나는 괴로움을 겪지 않는다. 내가 있고 번뇌가 있으면 발걸음 하나하나마다 흔적을 남긴다. 선한 일을 해서 남기는 족적이나 선하지 못한 일을 해서 남기는 족적이나 바람이 있으면 다시 태어나는 원인이 되어 괴로움을 겪는다.

무엇도 바라지 않는 깨끗한 마음을 가지면 마음이 맑은 호수처럼 투명하여 더 이상 방황하지 않는다.

3. 가버린 자리

보낸 마음 뒤에는 새로운 마음이 자리 잡는다. 보낸 마음은 사라졌지만 보낸 것을 아는 마음은 새로운 마음이다. 지난 것은 가도록 하고 새로운 것을 맞이해야 한다. 새로운 것이 왔는데 지난 것을 붙들고 있으면 마음이 정체된다.

지난 것은 교훈으로 삼고 새로운 것에서 활력을 찾아야 한다. 지나간 과거는 관념이고 낡은 것이다. 새롭게 온 현재만이 실재하는 진실이 있다. 통찰지혜는 관념에서 찾을 수 없고, 오직 실재에서만 찾는다.

가버린 것은 가도록 두어야 한다. 가버린 것을 마음이 허락하지 않는다면 가버린 것을 집착하는 것이다. 가버렸다고 완전하게 사라진 것이 아니다. 가버린 것이 남긴 자리에는 무상의 지혜가 있다.

4. 정도(正道)

바른 견해도 균형이 필요하다. 바른 견해에 균형이 없으면 잘못된 견해가 된다. 좋은 것이라고 해서 모두 좋은 것이 아니다. 좋지 않은 것을 수용할 수 있는 마음가짐이 있어야 비로소 좋은 것이다. 또 좋지 않은 것을 억제할 수 있는 마음가짐이 있어야 비로소 좋은 것이다.

균형에 맞는 것이 바른 견해다. 도에는 일정한 기준이 있다. 일정한 기준이 있는 것이 정도다. 정도는 감각적 욕망과 극단적 고행을 벗어난 중도다.

도라고 해서 모든 것을 다 수용할 수 없다. 도가 아무리 좋아도 일정한 기준을 넘으면 그 순간에 도가 아니다. 도라는 이름으로 모든 것이 용서될 수 없다. 넘지 말아야 할 기준을 넘지 않는 중도가 바른 도다.

5. 기준

인간관계가 어렵다면 오직 자기 생각에 빠져있기 때문이다. 자기만의 기준으로 생각하고 말하고 행동하면 남의 생각과 공존할 수 없다. 그러면 자기도 괴롭고 남도 괴롭다. 세상은 자기 혼자만 있지 않다. 그럼에도 자기 기준만 있다면 가장 어리석은 사람이다.

모든 괴로움이 자기 기준으로 인해서 생겼는데 누구도 자기 기준 때문인지 모른다. 그래서 구조적으로 괴로움에서 벗어나지 못한다. 자기 기준을 버릴 수 없지만 다른 사람의 기준도 존중하면 인간관계가 어렵지 않다.

내 기준만 주장하는 사람은 결국 자기 기준도 지키지 못한다. 남의 기준도 존중할 때 비로소 자기 기준도 지킬 수 있다. 서로 조화를 이루는 기준이 가치가 있다.

6. 행복과 괴로움

행복을 얻으려는 것이 괴로움이다. 행복을 지속시키려는 것이 괴로움이다. 행복이 사라지는 것이 괴로움이다. 행복의 이면에는 항상 괴로움이 함께 있다. 행복이 괴로움과 함께 있는 것을 알면 행복을 집착하지 않아 평화롭다.

완전한 행복은 아무 것도 바라는 것 없이 있는 그대로 알아차리는 고요한 마음으로부터 온다. 모든 것은 변하고 존재하는 것은 괴로움이고 이것을 소유하는 자아가 없다는 지혜가 날 때 어리석음과 욕망이 사라진다. 여기에 지고의 행복이 있다.

행복은 금빛 날개를 펴고 장엄하게 오지 않는다. 괴롭지 않은 것이 행복이다. 행복은 무아를 알아 감각적 욕망과 존재와 비존재에 대한 갈애가 소멸한 자리에서 생긴다.

7. 자랑

선한 것은 자랑이 아니다. 선한 것은 당연한 것이다. 선한 것을 자랑하면 선을 가장한 마음이 있다. 정직한 것은 자랑이 아니다. 정직한 것은 당연한 것이다. 정직한 것을 자랑하면 정직을 가장한 마음이 있다.

순수한 것은 자랑이 아니다. 순수한 것은 당연한 것이다. 순수한 것을 자랑하면 순수한 것을 가장하는 마음이 있다. 선하고 정직하고 순수한 것을 자랑하면 본연의 마음이 손상된다. 선하고 정직하고 순수한 것은 있는 그대로의 실재이므로 드러낼 것이 못된다.

완벽하게 선한 마음은 선하고 선하지 못한 것을 벗어난 단지 작용만 하는 마음이다. 자아가 소멸한 무아의 상태에서만 대상을 있는 그대로 지켜보는 완전한 선이 있다.

8. 두 가지 진실

내가 없으면 세상이 없다. 내가 없는 세상은 아무 의미가 없다. 그렇다고 나만 생각하고 세상은 생각하지 말아야 하는 것이 아니다. 세상도 중요하지만 더 중요한 것은 세상을 사는 자신의 입장이다.

내가 바람직하게 살아야 바람직한 세상도 있다. 내가 우선이라는 것은 실재하는 현실을 파악하여 무엇을 먼저 해야 하는 것을 알기 위해서다. 세상이 없으면 내가 없다. 그렇다고 세상만 있으면 내가 아무 의미가 없다.

세상만 생각하고 자신은 생각하지 말아야 하는 것이 아니다. 나도 중요하지만 세상이 없으면 내가 존재하지 못한다. 나에게는 나의 진실이 있고 세상에는 세상의 진실이 있다. 두 가지 진실이 상호 조화를 이루어야 한다.

9. 세 가지 사람

바른 말을 해도 모르는 사람이 있다. 이기적인 사람은 남의 말을 들으려 하지 않는다. 들어도 자기 견해로 듣고 말의 내용을 이해하려고 하지 않는다. 그래서 자기에게 유익한 것만 받아들이고 자기 생각에 맞지 않는 말은 듣지 않는다.

말하면 생각으로 아는 사람이 있다. 지적인 사람은 남의 말을 받아들이려 하지만 자기 생각으로만 그치기 때문에 남의 말을 완전하게 받아들이지 못한다. 하지만 말의 내용을 이해한 것만으로도 언젠가 받아들일 여지가 있다.

말하면 받아들여서 실천하는 사람이 있다. 이런 사람은 자신을 내세우지 않고 지혜로운 마음을 가지고 있어 옳고 그름을 잘 판단한다. 스스로 정신을 함양시키면 괴로움이 없다.

10. 최선이 최고다

최고가 되려고 하지 말고 오직 최선을 다하도록 해라. 최고가 되려고 하면 남과 경쟁을 해야 한다. 경쟁을 하면 욕망과 성냄이 일어나 결코 바람직한 결과를 얻을 수 없다. 세간에서는 경쟁이 발전이 되겠지만 출세간에서는 경쟁이 해악이 된다. 경쟁은 수행이 아니다.

최고는 욕망이라서 끝이 없다. 최고라고 하는 순간 더 큰 욕망의 노예가 된다. 내가 만족할 수 있는 일을 해라. 그리고 일할 수 있는 것에 감사해라. 남과 경쟁하지 않고 자기 할 일을 할 때만이 궁극의 행복에 이를 수 있다.

행복은 남과 비교하는 것에 있지 않고 자기 내면의 충만함에 있다. 최고가 되려고 하지 않고 최선을 다하는 것이 진정으로 최고의 경지에 이른 자다.

11. 감성과 이성

현실에 기초하지 않은 생각은 엉뚱하여 항상 위험
이 따른다. 상상은 단지 상상으로 그쳐야 한다. 상
상하는 것은 좋으나 실천에 옮기는 것은 달라야 한
다. 현실성이 없는 일을 실천에 옮기면 냉엄한 현실
의 과보를 받는다.

무슨 일을 하거나 연습이 없다. 오직 원인이 되는
행위와 결과로써의 과보만 있다. 현실이 꿈이고 꿈
이 현실인 것은 생각 속에서나 가능한 일이다. 꿈에
는 긍정적 요소도 있지만 비현실적인 부정적 요소
도 있다.

감성적인 꿈은 갖되 행동은 이성적 바탕위에서 이
루어져야 한다. 위빠사나 수행은 대상을 있는 그대
로 알아차리는 이성적 관점을 가졌기 때문에 사물
을 통찰할 수 있다. 이러한 통찰만이 모든 위험을
제거한다.

12. 내가 아는 것

내가 안다고 해서 과연 무엇을 알고 있는가? 몸과 마음은 있지만 이것을 소유하는 자아가 없는 것을 모르면 아는 것이 아니다. 자아가 있으면 괴로움을 여의는 방법을 알 수 없기 때문이다.

자신을 낮춘다고 해서 과연 낮추어지는가? 남에게 인정받기 위해서 자신을 낮추는 것은 진정으로 낮추는 것이 아니다. 무아를 알고 행동하는 것이 진심으로 자신을 낮추는 것이다.

내가 버렸다고 생각하는 것은 과연 버린 것인가? 소유할 수 없는 현실 때문에 잠시 포기한 것은 버린 것이 아니다. 욕망이 모든 괴로움의 원인이라고 아는 지혜가 나지 않으면 완전하게 버린 것이 아니다. 감각적 욕망이 소멸되지 않는 한 잠시 버렸다고 생각할 뿐이다.

13. 나와 세상

나를 모르면 세상을 모른다. 세상을 알았다는 것은 나를 알았다는 것이다. 내가 있어서 세상이 있다. 세상에서 나를 찾으려 해서는 영원히 찾지 못한다. 오직 자신의 몸과 마음에서 나를 발견해야 한다.

나를 알기 위해서는 몸과 마음을 있는 그대로 알아차려야 한다. 그리고 몸과 마음을 분리해서 알아차려야 한다. 몸과 마음이 하나가 되어 알아차리면 몸과 마음이 가지고 있는 고유한 특성을 알 수 없다.

몸과 마음을 있는 그대로 알아차리면 끊임없이 일어나고 사라지는 현상밖에 없다는 무상의 진실을 발견한다. 그리고 이것을 소유하는 자아가 없다는 것을 안다. 이처럼 무아를 알아 욕망을 여읠 때라야 나를 알았다고 할 수 있다.

14. 승부

이기고 지는 승부가 있는 세계에서는 욕망과 괴로움
이 끊이지 않는다. 이기고 지는 승부가 없는 세계에
서는 괴로움이 소멸한 평화와 행복이 있다. 괴로움
이 없는 행복을 얻으려면 승부에서 벗어나야 한다.

이겼다고 자만에 빠지면 이기고도 진 것이다. 졌다
고 괴로움에 빠지면 행복할 수 있는 기회가 없어진
다. 이겼다고 이긴 것이 아니며 졌다고 진 것이 아
니다. 이겼다고 영원히 이긴 것이 아니며 졌다고 영
원히 진 것이 아니다. 모두 일어나서 사라지는 하나
의 과정일 뿐이다.

대상을 있는 그대로 알아차릴 때만이 승부에서 벗
어나 평화와 행복을 얻을 수 있다. 진정한 승리는
자신의 내면을 통찰하여 감각적 욕망을 제어하는
것이다.

15. 비난

무턱대고 남을 비난하면
그 비난이 자신에게로 돌아온다.

하늘을 향해 침을 뱉으면
자기 얼굴에 떨어진다.

16. 청정한 삶

마음은 몸을 토대로 있다. 마음의 토대가 되는 몸을 알아차리면 몸과 마음이 정화된다. 몸은 마음과 더불어 있다. 몸과 더불어 있는 마음을 알아차리면 몸과 마음이 정화된다. 몸과 마음은 항상 함께 있으면서 서로에게 영향을 준다.

마음은 몸을 토대로 있으면서 몸을 이끈다. 몸은 마음에게 토대를 제공하면서 생명을 이어간다. 마음이 없으면 몸이 아는 기능을 할 수 없고 몸이 없으면 마음이 저 스스로 움직일 수가 없다.

몸과 마음이 순기능을 하면 좋은 결과가 생기고 역기능을 하면 나쁜 결과가 생긴다. 몸과 마음을 알아차리면 순기능을 하여 청정한 삶을 산다. 몸과 마음을 알아차리지 못하면 역기능을 하여 고통스러운 삶을 산다.

17. 해가 되는 행위

어떤 행위나 나에게 해가 되는 행위를 해서는 안 된다. 또 남에게 해가 되는 행위를 해서는 안 된다. 그리고 나와 남이나 모두에게 해가 되는 행위를 해서도 안 된다.

나의 감각적 욕망이나 이익을 위해서 나와 남과 모두에게 해가 되는 행위를 하면 반드시 행한 만큼의 선하지 못한 과보를 받는다. 해가 되는 행위를 하지 않으면 나와 남과 모두를 보호하는 것으로 반드시 그만큼의 선한 과보를 받는다.

나를 위해서 남에게 해가 되는 행위를 하면 남에게 해를 끼치는 것만이 아니고 나에게도 해가 돌아온다. 세간에서는 자신의 이익을 위해서 모두를 해치는 일을 한다. 출세간에서는 자신이나 남을 위해서 누구도 해치는 일을 하지 않는다.

18. 두 가지 삶

지혜가 있으면 청정해서 생긴 깨끗한 몸과 마음을 가지고 산다. 어리석으면 번뇌로 더럽혀진 깨끗하지 못한 몸과 마음을 가지고 산다. 지혜가 있으면 견해가 바르기 때문에 어리석음을 혐오한다.

어리석으면 견해가 바르지 못하기 때문에 지혜를 혐오한다. 지혜가 있으면 계율을 지켜 모든 불행을 막아서 스스로를 보호한다. 어리석으면 계율을 지키지 않아 어떤 불행도 막지 못하므로 스스로를 보호하지 못한다.

청정한 몸과 마음을 가지고 살면 현재와 미래가 행복하다. 번뇌로 더럽혀진 몸과 마음을 가지고 살면 현재와 미래가 불행하다. 행복은 누가 주거나 저절로 오지 않고 자신의 몸과 마음을 알아차려서 생긴 통찰지혜부터 얻는다.

19. 실수와 한숨

한 번의 실수로 오랫동안 깊은 한숨을 쉰다. 그러나 한 번의 실수가 아니다. 거듭된 실수 끝에 다시 한 번 실수한 것이다. 한 번 실수하고 깊은 한숨을 내쉬는 것이 아니다. 거듭된 실수 끝에 다시 한 번 깊은 한숨을 내쉬는 것이다.

실수와 한숨은 범부가 경험하는 일상의 일이다. 이처럼 끊임없이 반복되는 악순환은 모두 어리석음과 욕망으로 인한 것이다. 이런 반복을 끊으려면 무엇이나 있는 그대로 알아차려서 깊은 어리석음이 지혜가 되도록 해야 한다.

그리고 끈질긴 욕망이 관용이 되도록 해야 한다. 그러지 않고서는 계속해서 실수하고 다시 깊은 한숨을 내쉬어야 한다. 윤회하는 생명은 생을 거듭하면서 영원히 이렇게 살아야 한다.

20. 더 높은 의식

상대와 동등한 의식을 가졌기 때문에 서로가 싸운다. 한쪽이 더 높은 의식을 가지면 싸우지 않는다. 상대와 동등한 위치가 되어 싸우지 말고 다른 위치가 되어서 싸우지 않아야 한다.

싸움은 수행자가 할 일이 아니다. 수행은 다른 사람과 같은 사람이 되지 않고 자신의 내면을 더 향상시키려고 하는 것이다. 자신에게 압박을 가하는 사람에게 동등한 입장이 되어 싸우지 말고 오히려 연민으로 대해야 한다.

그러면 자신도 평화롭고 상대에게도 평화를 줄 수 있다. 상대가 몰라서 그러는데 무엇을 탓할 수 있겠는가? 이 세상에는 이기고 지는 것만 있는 것이 아니다. 이기고 지는 것에서 벗어나 스스로 조화를 이루어야 진정한 행복을 얻는다.

21. 눈이 내릴 때

창밖에 흰 눈이 펑펑 쏟아져도 흰 눈송이 하나하나
가 모두 근심스러운 눈으로 보인다. 하지만 근심하
는 마음 한 편에 흰 눈을 즐기는 또 다른 마음이 있
다. 흰 눈을 즐기지도 못하는 마음과 즐기는 마음은
나의 마음이 아니고 단지 순간마다 교차하는 마음
이다.

좋은 것을 보고도 즐기지 못하는 마음은 내 마음이
아니다. 좋은 것을 보고도 괴로워하는 마음은 내 마
음이 아니다. 즐거움과 괴로움을 내 마음대로 할 수
없다면 조건에 의해 일어나는 마음일 뿐이다.

괴로워하는 마음을 알아차리니 평온한 숲 위로 쏟
아지는 눈이 있는 그대로 보인다. 눈을 보고 즐거워
하거나 괴로워하는 것은 내가 일으킨 느낌일 뿐 눈
은 자기 할 일을 하고 있다.

22. 진정한 화합

화합을 말하면서 화합하지 않는다고 비난하면 화합이 아니다. 선한 마음을 갖자고 하면서 선하지 못하다고 비난하면 선한 마음이 아니다. 바른 목표라고 해도 실천하는 방법이 강제적이면 결코 참뜻을 살릴 수 없다.

목표에 이르는 방법이 배타적이면 목표의 가치를 상실한다. 화합은 상대의 다른 의견을 존중하는 속에서 이루어져야 한다. 선한 마음은 선하지 못한 마음을 수용하는 속에서 이루어져야 한다.

옳다고 해도 방법이 잘못되면 옳은 것이 아니다. 이것 하나만 옳다고 주장하면 진정으로 무엇이 옳고 그른지 판단하기 어렵다. 자신의 가치관과 상대의 가치관이 서로 다른 것을 존중하는 것이 화합이고 평화며 선한 마음가짐이다.

23. 마음은

마음은 복잡하지만 단순하다. 마음은 단지 대상을 아는 기능을 한다. 마음은 조건에 의해 일어나는 여러 가지 일들을 받아들여서 알기만 할 뿐이다. 즐거울 때는 즐거움을 받아들여서 안다.

괴로울 때는 괴로움을 받아들여서 안다. 덤덤할 때는 덤덤함을 받아들여서 안다. 여러 가지 지각이 일어날 때는 지각을 받아들여서 안다. 여러 가지 의도가 일어날 때는 의도가 일어난 것을 받아들여서 안다.

마음은 복잡하지만 대상을 받아들여서 아는 것으로는 단순하다. 이처럼 조건에 의해 일어나는 여러 가지 대상을 받아들여서 아는 마음은 항상 청정하다. 청정한 마음을 혼탁하게 물들이는 것은 마음이 아니다. 느낌과 지각과 의도가 오염시킨다.

24. 가르침의 실천

좋은 음식이 있어도 눈으로 보는 것과 음식을 직접
먹는 것은 다르다. 마찬가지로 괴로움에서 벗어나
행복을 얻는 가르침이 있어도 이 가르침을 이론으
로 아는 것과 직접 실천하는 것은 다르다.

훌륭한 가르침이 있어도 직접 실천하지 않는다면
가르침을 안다고 할 수 없다. 먼저 바른 가르침을
만나야 하고 가르침을 실천하는 수행을 해야 한다.
가르침이 무엇인지 알기만 하고 직접 수행을 하지
않는다면 소가 젖을 생산하고도 우유 맛을 모르는
것과 같다.

우유는 소가 생산했지만 마시는 자의 것이다. 음식
을 먹어보지 않고 음식에 대해 말할 수 없는 것처럼
위대한 가르침을 직접 체험하지 않고서는 결코 궁
극의 행복에 도달할 수 없다.

25. 나는 누구인가?

나를 찾는 일은 매우 중요하다. 세상을 살고 있는 자신의 실체를 파악해야 비로소 바르게 살 수 있기 때문이다. '나는 누구인가'라고 했을 때 나를 찾으면 안 된다. 나를 찾아야 한다는 말은 자신의 몸과 마음을 알아차리는 수행을 하라는 뜻이다.

자신의 몸과 마음을 있는 그대로 알아차려야 바른 견해가 생겨 나를 알 수 있다. 그렇지 않고 내가 있다는 전제를 가지고 나를 찾으면 영원히 자신의 실체를 알 수 없다.

자신의 몸과 마음을 있는 그대로 알아차리면 매순간 변하며, 항상 불만족 속에서 살고, 이것을 소유하는 자아가 없다는 진리를 발견한다. 진리로 본 나는 무상하며, 괴로움이 있고, 무아다. 그래서 '나'라고 하는 실체가 없다.

26. 부당한 대우

내가 부당한 대우를 받았다고 불쾌하게 여기지 마라. 단지 그럴만한 조건이 있었기 때문이다. 부당한 대우는 상대의 마음가짐에 따라 생긴 일이므로 나와 무관하다. 상대의 마음은 상대의 것이지 나의 것이 아니다.

또 내가 부당한 대우를 받을 만한 행동을 했기 때문에 그럴 수도 있다. 어떤 이유이건 부당한 대우를 하는 사람이나 받는 사람은 없다. 그렇게 행동하는 상대도 순간의 마음만 있을 뿐이지 자아가 있어서 그런 것이 아니다.

부당한 대우를 받는 자신도 자기가 받는 것이 아니다. 그 순간의 마음이 경험할 뿐이지 내가 받는 것이 아니다. 만약 부당한 대우를 불쾌하게 여긴다면 내가 누구라는 잘못된 자존심이 있기 때문이다.

27. 희망

항상 희망을 가져야 한다. 희망은 삶의 활력이다. 희망이 없으면 절망한다. 이상적인 희망을 가지려면 먼저 오늘을 무사히 산 것에 감사해야 한다. 오늘을 만족하지 못하는 마음이 내일의 희망을 빼앗는다. 부귀영화에 대한 희망을 가져서는 안 된다.

감각적 욕망은 희망이 아니고 절망을 가져오는 요인이다. 감각적 욕망을 바라지 말고 진실하게 사는 것에 희망을 걸어야 한다. 욕망은 만족이 없어 괴롭지만 진실은 만족할 수 있어 괴롭지 않다.

가장 바람직한 희망은 자신의 몸과 마음을 알아차려서 고요함을 얻는 것이다. 이러한 고요함이 지혜를 얻게 하여 행복을 준다. 누구나 현재의 고요함을 얻는 것에서 미래의 희망을 찾아야 한다.

28. 전에 들어보지 못한 진리

이천 오백년 전에 붓다는 전에 들어보지 못한 네 가지 새로운 진리를 발견했다. 괴로움이 있다는 진리와 괴로움의 원인의 진리와 괴로움의 소멸에 대한 진리와 괴로움의 소멸에 이르는 길에 대한 진리를 알았다.

붓다는 이상의 네 가지 성스러운 진리를 발견한 뒤에 모든 번뇌를 소멸시키는 깨달음을 얻었다. 이천 오백년이 지난 현재도 고집멸도 사성제는 누구에게나 전에 들어보지 못한 진리다. 진리는 과거나 현재나 시대를 초월하여 모든 사람에게 생소하다.

사성제를 아무리 글로 읽고 법문을 들었다고 해도 이 진리를 바르게 안다고 말할 수 없다. 사성제는 누구나 수행을 해서 도과를 성취하기 전에는 항상 전에 들어보지 못한 진리다.

29. 번뇌는 사랑을 이기지 못한다

자기 일은 소홀히 하면서 남의 걱정만 하지마라. 자기 앞가림을 하는 일보다 남의 일에 관심이 많으면 오히려 자신이 남에게 누가 된다. 모두가 저마다의 위치에서 자신의 일을 충실히 해야 한다. 그런 뒤에 남의 일을 걱정하지 말고 연민의 마음을 보내야 한다.

상대를 걱정하면 상대에게 부정적인 파장이 간다. 상대에게 연민의 마음을 보내면 상대에게 동정과 사랑이 간다. 먼저 자신의 몸과 마음을 알아차려서 고요함을 얻어야 한다. 그런 뒤에 고요한 마음으로 상대를 지켜보면 이해하는 마음이 생겨 자연스럽게 사랑이 간다.

모든 일에 사랑이 바탕이 될 때만이 상호의 이익과 진정한 평화가 이루어진다. 번뇌는 사랑을 이기지 못한다.

30. 비교

사람과 사람을 비교하지 마라. 모두 저마다의 마음을 가지고 있으며 각자의 능력이 다르다. 어느 부분에서 남보다 우수할 수도 있으며 우수하지 못할 수도 있다. 사람을 획일적으로 평가해서는 안 된다.

만약 훌륭한 사람을 기준으로 평가해서 부족하다면 훌륭하지 못한 사람을 기준으로 평가했을 때는 더 나을 수도 있다. 존경하는 사람은 필요하지만 비교하는 사람은 필요하지 않다.

모든 사람은 업의 과보로 인해 여러 가지의 특성을 가지고 있다. 그러므로 저마다 가지고 있는 좋은 특성을 살리도록 해야 한다. 남과 비교해서 우수하다고 하면 교만해져서 남을 무시한다. 남과 비교해서 열등하다고 하면 패배감에 빠져 남을 적대시 한다.

31. 선한 행위

모든 것으로부터 자유로워진 완전한 행복을 얻으려면 바라밀을 쌓아야 한다. 바라밀은 깨달음을 얻기 위해서 선한 일을 행하는 것이다. 보시, 지계, 출가, 지혜, 정진, 인내, 진실, 발원, 자비, 평정을 행하면 피안의 세계로 건너가는 힘을 얻는다.

바라밀은 모든 것을 불쌍하고 가엾게 여기는 마음에 의해 길러진다. 그리고 사물의 바른 이치를 아는 마음에 의해서 인도된다. 바라밀은 자기만 아는 이기적인 마음의 영향을 받지 않는다.

그리고 내가 있다는 견해와 함께 이 세상이 영원하다거나 이번 생으로 끝이라고 하는 잘못된 견해가 자리 잡지 못한다. 바라밀은 내가 최고라고 하는 마음에 의해서 물들지 않는 가장 순수한 마음가짐이다.

옹달샘

2

집착하지 않는 자유

수행자가 자기 몸과 마음을 알아차리는 것은
자신의 본성을 알기 위함이다.
몸과 마음의 본성은 항상 변하는 성질이 있다.
몸과 마음 자체가 불만족스럽다. 몸과 마음을 소유하는 자아가 없다.

32. 세상의 끝

자신의 몸과 마음 밖으로 나가서 하는 여행은 세상의 끝에 이를 수 없다. 몸과 마음 밖으로 나가면 내가 있다는 견해로 인해 끝없는 윤회를 한다. 자신의 내면을 향해서 하는 여행은 세상의 끝에 이를 수 있다.

자신의 내면을 통찰하면 내가 없다는 지혜를 얻어 윤회가 끝난다. 괴로움에서 벗어나려면 나라는 견해 없이 있는 그대로 알아차려야 한다. 또 몸과 마음 밖에서 답을 얻으려 하지 말아야 한다.

행복을 얻으려면 자신의 내면을 통찰해서 내가 없다는 바른 견해를 가져야 한다. 자신의 괴로움을 남의 탓으로 돌리는 것은 자아가 있기 때문이다. 자기 괴로움을 부부나 가족이나 남의 탓으로 돌리면 결코 어리석음에서 헤어나지 못한다.

33. 의심

의심이 많으면 결정을 내리지 못한다. 결정을 내리지 못하면 아무것도 할 수 없다. 아무것도 하지 않으면 불안하고 게으른 상태로 살아야 한다. 의심은 안개 속에서 길을 잃고 헤매는 것과 같다.

의심에서 벗어날 때만이 안개가 걷히고 사물을 바르게 본다. 그래야 확신을 가지고 결정할 수 있다. 의심을 없애려면 들뜬 마음을 고요하게 하여 지혜를 얻어야 한다.

의심을 할 때는 무조건 피하지 말고 일단 의심하는 마음을 알아차려야 한다. 그리고 조용히 호흡을 알아차려야 한다. 그런 뒤에 의심하는 사안에 대하여 어떻게 하는 것이 현명한 일인지 살펴보아야 한다. 할 일은 반드시 실천하고 하지 말아야 할 일은 단호하게 끊어야 한다.

34. 두 개의 세계

세상에는 세간과 출세간이란 두 개의 세계가 있다. 세간은 원인과 결과라는 조건에 의해 일어나고 사라지는 세계다. 이 세계에서는 연기가 회전하여 윤회를 한다.

세간에 살면서 정신을 향상시키려는 사람은 대상과 하나가 되는 사마타 수행을 하여 선정의 고요함을 얻는다. 출세간은 원인과 결과라는 조건이 사라져 일어나고 사라지는 것이 없는 세계다. 이 세계에서는 연기가 회전하지 않아 윤회가 끝난다.

출세간을 지향하는 사람은 몸과 마음을 분리해서 알아차리는 위빠사나 수행을 하여 통찰지혜를 얻는다. 세간에서는 어리석음과 욕망이 있어 태어남과 죽음이 있다. 출세간에서는 지혜가 있고 욕망이 소멸하여 태어남과 죽음이 없다.

35. 인간의 마음

인간의 정신적 수준은 최악의 마음에서부터 최선의 마음을 가지고 있으며 해탈의 마음까지 잠재해 있다. 현재의 마음이 최악이면 지옥의 마음을 가지고 살며 이런 상태가 연장되어 지옥에 태어난다.

현재의 마음이 최선이면 천상의 마음을 가지고 살며 이런 상태가 연장되어 천상에 태어난다. 현재의 마음이 해탈의 마음이면 어리석음과 욕망에서 벗어난 채로 살며 이런 상태가 연장되어 윤회가 끝나는 해탈의 자유를 얻는다.

인간은 항상 두 개의 세계에 산다. 현재의 마음이 동물과 같으면 인간이면서 동물로 산다. 이러한 원인으로 동물로 태어나는 결과가 있다. 현재의 마음을 알아차리면 모든 번뇌가 불타 완전한 해탈의 자유를 얻는다.

36. 무한한 마음

인간을 파괴하는 가장 강한 큰 적은 화를 내는 것이다. 화는 오직 사랑으로 가라앉게 할 수 있다. 화를 내면 다음에는 잔인한 행위를 한다. 잔인한 행위는 오직 동정심으로 가라앉게 할 수 있다.

잔인한 행위는 자신을 망치며 많은 적을 만든다. 자신을 망치고 경쟁심을 부추겨 적을 만드는 행위는 오직 함께 기뻐하는 마음으로 가라앉게 할 수 있다. 화를 내고 잔인한 행위를 하고 자신을 망치고 적을 만들게 되면 즐거운 것을 집착하고 즐겁지 않은 것을 혐오한다.

이런 행위는 오직 평등심으로 가라앉게 할 수 있다. 화와 잔인함과 적을 만드는 행위와 집착과 혐오하는 마음은 자비희사(慈悲喜捨)의 무한한 마음으로 승화시킬 수 있다.

37. 더 늦기 전에

모르면 해야 할 일을 하지 않고 하지 말아야 할 일을 한다. 젊을 때는 몰라서 철이 없었지만 나이가 들어서도 모르면 철이 없기는 마찬가지다. 나이를 더 먹으면 지각능력이 떨어져 철들 기회마저 사라진다. 이때가 되면 사람이면서도 사람이라고 할 수 없다.

이렇게 되기 전에 반드시 할 일을 해야 한다. 사람으로 태어나서 반드시 해야 할 일은 선한 일을 하는 것이다. 선한 일 중에서 자신의 몸과 마음을 알아차려서 지혜를 얻는 것이 가장 선한 일이다.

인간으로 태어난 사명은 수행을 해서 자신의 정신을 고양시키는 것이다. 몸과 마음을 알아차리는 수행을 해서 세세생생 이어온 괴로움을 해결하는 것보다 더 중요한 일은 없다.

38. 서로가 최고다

내가 최고며 내 것이 최고라고 하는 생각은 독선에 빠질 위험이 있다. 때로는 나와 내 것이 최고라고 여겨 자긍심을 갖는 데 도움이 될 수도 있겠지만 남을 배척하는 나쁜 마음이 생길 수 있다.

내가 최고 일 때 똑 같이 남도 최고라고 여겨야 한다. 내 것이 최고라고 여길 때 똑 같이 남의 것도 최고라고 여겨야 한다. 나와 너는 단지 부르기 위한 명칭에 불과할 뿐이지 실재가 아닌 관념이다. 모든 사람의 모든 것이 저마다 최고라고 여겨야 한다.

서로 존중하지 않으면 나나 내 것이 결코 최고가 될 수 없다. 서로가 함께 최고일 때 진정으로 최고의 가치가 있다. 나만 있고 남이 없으면 남에게 해를 끼칠 수 있으므로 선한 마음이 아니다.

39. 사람은 꽃이다

사람을 물질적 이익의 대상으로 보지 말아야 한다. 물질적 이익이 있으면 가까이 하고 이익이 없어서 멀리하면 탐욕과 성냄으로 어리석게 사는 것이다. 사람을 정신적 이익의 대상으로 보아야 한다.

정신적 이익이 있으면 가까이 하고 이익이 없어서 멀리 하면 관용과 자애를 가지고 지혜롭게 사는 것이다. 사람을 법으로 보아야 한다. 그러면 이해에 걸리지 않고 모든 사람을 공경하게 된다.

들에 핀 다양한 꽃처럼 모든 사람은 한 송이의 꽃이다. 여러 가지 꽃들이 저마다의 모습과 향기를 내며 어우러져 있는 곳이 낙원이다. 낙원에서는 남을 시기하거나 질투하지 않는다. 모두 있는 그대로의 아름다움을 존중하는 마음이 깨달음이다.

40. 아름다움

온갖 장신구로 치장을 했어도 마음이 선하지 못하면 아름답지 못하다. 초라하게 입었어도 마음이 선하면 아름답다. 아름다움의 기준은 사람의 겉모양에 있지 않고 마음가짐에 있다.

전통이 깊다고 해도 관념이 많으면 바람직한 전통이 아니다. 전통이 없어도 실재가 많으면 바람직한 전통이다. 진실은 전통에 있지 않고 대상을 있는 그대로 알아차려서 생긴 지혜에 있다.

남이 듣기 좋은 말을 한다고 해서 모두 가치 있는 말이 아니다. 듣기 싫은 말이라도 진실이 담겨 있으면 가치 있는 말이다. 듣기 좋은 말은 감각적 욕망의 꿀을 발라 놓고 유혹하는 말일 수 있으며 듣기 싫은 말은 써서 삼키기 어렵지만 자신을 보호하는 말일 수 있다.

41. 참으면

한 번 참으면 한 번 실수하지 않는다. 두 번 참으면 두 번 실수하지 않는다. 세 번 참으면 세 번 실수하지 않는다. 거듭 참으면 지혜가 나 기쁨을 얻는다.

한 번 참으면 한 번 실수하지 않아 탐욕이 일어나지 않는다. 두 번 참으면 두 번 실수하지 않아 성냄이 일어나지 않는다. 세 번 참으면 세 번 실수하지 않아 어리석음이 일어나지 않는다.

한 번 참으면 탐욕이 일어나지 않아 탐욕 없음이 된 뒤에 다시 참고 알아차리면 관용이 된다. 두 번 참으면 성냄이 일어나지 않아 성냄 없음이 된 뒤에 다시 참고 알아차리면 자애가 된다. 세 번 참으면 어리석음이 일어나지 않아 어리석음 없음이 된 뒤에 다시 참고 알아차리면 지혜가 된다.

42. 과거의 잘못

과거에 잘못했던 일을 자책하며 괴로워하지 마십시오. 지나간 일은 아무리 자책해도 돌이킬 수 없습니다. 과거에 잘못한 것을 알아차린 것으로 충분합니다. 잘못한 것을 안 뒤에 자책하는 것은 내가 잘못했다고 생각하기 때문입니다.

어떤 일이나 내가 잘못한 것이 아닙니다. 그 순간의 마음이 어리석은 행동을 한 것일 뿐입니다. 그 순간의 마음은 내가 아닙니다. 단지 어리석은 마음이 있었을 뿐입니다. 이제 어리석었던 것을 안 새로운 마음이 일어났으면 과거는 끝난 것입니다.

어리석은 것을 안 마음은 지혜가 난 마음입니다. 이때 지혜가 난 마음을 다시 알아차려야 합니다. 그래야 내가 그랬다는 잘못된 생각에서 벗어날 수 있습니다.

43. 마음가짐

자신의 마음가짐에 따라 자신의 인생을 산다. 마음이 선한 사람은 선하게 살고, 선하지 못한 사람은 선하지 못하게 산다. 마음이 인색한 사람은 궁핍하게 살고, 너그러운 사람은 풍요하게 산다.

마음이 어리석은 사람은 괴롭게 살고, 지혜로운 사람은 행복하게 산다. 마음이 가난한 사람은 물질을 얻어도 만족하지 못한다. 마음이 가난하지 않은 사람은 물질을 얻지 못해도 감사하게 여긴다.

마음은 보이지 않아서 자신이 어떤 마음을 가졌는지 알지 못한다. 그러므로 자신의 마음이 아닌 다른 마음에 대해서도 알지 못한다. 그래서 잘못된 마음을 개선하기가 어렵다. 잘못된 마음을 개선하려면 자신의 몸과 마음을 알아차려서 지혜를 얻어야 한다.

44. 두 가지 과보

선한 일을 하고 악한 일도 하면 두 가지 과보를 모두 받는다. 좋은 가문에 태어나는 선과보를 받았어도 장애로 태어나는 악과보를 받는다. 미천한 가문에 태어나는 악과보를 받았어도 비범한 능력을 가진 선과보를 받는다.

아름답게 태어났어도 추한 마음을 갖는 것이나 추하게 태어났어도 아름다운 마음을 갖는 것은 두 가지 과보가 작용한 것이다. 과보의 힘은 물이 낮은 곳으로 흐르는 것처럼 거스를 수 없다.

수행을 해서 단지 작용만 하는 마음을 가지면 어떤 과보가 와도 있는 그대로 받아들이기 때문에 모든 번뇌가 소멸한다. 단지 작용만 하는 마음을 갖지 못하면 즐거움과 괴로움이 교차하는 두 가지 과보에서 벗어나지 못한다.

45. 일상의 괴로움

지금 괴로우십니까? 괴롭지 않기를 바란다면 괴로움이 있는 것을 받아들이십시오. 그래야만 괴롭지 않습니다. 살면서 생기는 모든 괴로움은 있을 수밖에 없습니다. 누구나 정신적 육체적 고통으로부터 자유로울 수 없습니다.

태어나서 늙고 병들어 죽는 것이 모두 괴로움입니다. 좋아하는 사람을 만나지 못하는 것이나 싫어하는 사람을 만나야 하는 것도 괴로움입니다. 감각적 욕망을 충족시키지 못한 것이나 감각적 욕망을 충족시킨 결과도 괴로움입니다.

모든 것들이 빠르게 변하는 것도 괴로움입니다. 이러한 괴로움을 있는 그대로 알아차리면 나의 괴로움이 아니고 하나의 대상에 불과합니다. 이때 비로소 괴로움에서 벗어 날 수 있습니다.

46. 집착하지 않는 자유

수행자가 자기 몸과 마음을 알아차리는 것은 자신의 본성을 알기 위함이다. 몸과 마음의 본성은 항상 변하는 성질이 있다. 몸과 마음 자체가 불만족스럽다. 몸과 마음을 소유하는 자아가 없다.

통찰지혜가 나서 몸과 마음이 가지고 있는 고유한 특성을 알 때만이 진실을 알 수 있다. 몸과 마음의 본성인 무상, 고, 무아를 알면 집착이 끊어져 모든 괴로움에서 벗어난다. 몸과 마음은 변하기 때문에 집착하지 않는다. 이것 자체가 괴로움이라서 집착하지 않는다.

나나 내 것이라고 할 것이 없어 집착하지 않는다. 집착하지 않을 때만이 모든 걸림으로부터 벗어난 자유로운 행복을 얻는다. 지금 여기에 있는 몸과 마음은 항상 진실을 드러내고 있다.

47. 지나간 것

지나간 것은 지나간 것으로 두어야 한다. 지나간 것을 다시 현재로 가져오려고 해서는 안 된다. 왜냐하면 지나간 것과 다시 오는 것은 결코 똑같을 수 없기 때문이다. 몸과 마음은 매순간 변하는데 이미 지나간 것을 집착하면 어리석음에서 벗어나지 못해 괴롭다.

즐거움도 한순간이고 괴로움도 한순간이므로 무엇도 집착할 것이 없다. 지금 이순간이 흘러갈 때 즐거움과 괴로움도 함께 흘러간다. 오늘 하루가 흘러갈 때 즐거움과 괴로움도 함께 흘러간다.

지금 흘러간 것을 지금 이후에 다시 찾아서는 안 된다. 오늘 흘러간 것을 내일 다시 찾아서도 안 된다. 이미 흘러간 것을 그대로 두지 않으면 새로운 자리에 새로운 것을 만들 수 없다.

48. 있는 그대로

억누르지 말고 있는 그대로 알아차려라. 억누르면 억누른 만큼 반발력이 생겨 더 튀어 오른다. 버리려 하지 말고 있는 그대로 알아차려라. 버리려하면 버리려한 만큼 반발력이 생겨 더 달라붙는다.

비우려하지 말고 있는 그대로 알아차려라. 비우려하면 비우려한 만큼 반발력이 생겨 더 채워진다. 없애려하지 말고 있는 그대로 알아차려라. 없애려하면 없애려 한 만큼 반발력이 생겨 더 나타난다. 있는 그대로 알아차리면 거미줄에 걸리지 않는 바람처럼 구속되지 않는다.

마음을 속박하면 마음이 거칠어져 치유가 되지 않는다. 있는 그대로 알아차리면 마음이 부드러워져 번뇌를 녹인다. 법의 치유는 오직 있는 그대로 알아차릴 때 이루어진다.

49. 긍정과 부정

부정하면서 긍정해서는 안 된다. 긍정을 강조하기 위해 다른 것을 부정하면 다른 것은 나쁘고 하나만 옳다는 독선에 빠진다. 그러면 옳은 것도 나빠진다. 이것도 있지만 저것도 있다고 말할 때 다른 것을 배척하지 않아 올바르게 판단할 수 있다.

모든 것들은 그렇게 될 만해서 그렇게 된 것이다. 이러한 조건을 무시하면 다른 것을 배척하는 마음으로 인해 마음이 고요하지 못하다. 무엇도 부정하지 않는 있는 그대로의 마음일 때만 고요함이 생겨 사물의 바른 이치를 안다.

이것은 나쁘고 저것만 옳다고 하면 출세간의 마음가짐이 아니다. 이것이나 저것이나 똑같이 존중하는 마음으로 알아차릴 때에만 통찰지혜를 얻어 법을 볼 수 있다.

50. 가는 길

마음은 저마다 가는 길이 있다. 선한 마음은 선한 길을 향해서 간다. 선하지 못한 마음은 선하지 못한 길을 향해서 간다. 지혜로운 마음은 출세간의 길을 향해서 간다. 자신의 마음이 일으킨 행위는 언제나 그림자처럼 따라다닌다.

선한 마음은 선한 행위를 해서 선한 과보를 받아 행복을 누린다. 선하지 못한 마음은 선하지 못한 행위를 해서 선하지 못한 과보를 받아 불행을 겪는다. 지혜로운 마음은 지혜로운 행위를 해서 지혜로운 과보를 받아 괴로움뿐인 윤회를 끝낸다.

궁극의 지혜를 얻어 무상, 고, 무아를 깨달으면 모든 욕망이 끊어져 다시 태어나는 원인이 사라진다. 다시 태어나지 않을 때에만 완전히 괴로움에서 벗어날 수 있다.

51. 겨울과 봄

혹독한 겨울이 따뜻한 봄을 이기지 못한다. 봄이 겨울을 밀어내지만 봄도 이내 여름에 밀려 사라지고 만다. 봄을 밀어낸 여름도 결국에는 겨울에 밀려 사라져야 한다. 이런 흐름 속에서 어린이가 성인이 되고 병들어 죽어야 한다.

모든 것들은 일어났으면 반드시 사라진다. 다만 지속하는 기간의 차이가 다를 뿐이다. 오는 것을 막을 수 없고 가는 것을 잡을 수 없다. 오고 감에 기쁨과 슬픔이 교차하지만 사라지는 것은 괴로움이다. 오고 감을 집착하면 다시 오게 되어 괴로움으로부터 벗어날 수 없다.

오고 감을 집착하지 않으면 다시 오지 않아 사라짐이 없다. 모든 집착을 여의어야 사라지는 괴로움에서 벗어나 해탈의 자유를 누릴 수 있다.

52. 가치

무엇이나 있을 때는
가치를 모른다.

없을 때라야
진정한 가치를 안다.

모든 것에
항상 감사하라.

그러면 가치를 몰랐을 때도
그 가치를 존중하는 것이다.

53. 분리

대상을 있는 그대로 알아차리면 대상과 아는 마음이 분리된다. 대상을 분리해서 보아야 괴로움이 지속되지 않는다. 이럴 때만이 대상의 진실을 알 수 있다. 대상을 분리해서 알아차리면 아픈 몸으로 인해 마음이 영향을 받지 않는다.

아픈 것은 몸이고 마음은 단지 아는 기능만 하기 때문이다. 이렇게 분리가 되면 하나의 일로 인해 다른 일이 영향을 받지 않는다. 하나의 일로 인해 다른 일이 영향을 받는 순간 연기가 회전한다.

연기가 회전하는 순간 어리석음과 욕망의 지배를 받아 괴롭게 산다. 지나간 일로 현재가 영향을 받으면 과거의 지배를 받는다. 과거와 현재를 분리해서 알아차려야 다시 현재와 미래가 분리되어 번뇌가 소멸한다.

54. 씨앗 심기

잘못된 것이 가득 차 있으면 좋은 것을 채울 수 없다. 자아가 강하면 무아를 받아들이지 않는다. 선하지 못한 마음이 많으면 선한 마음이 일어나지 않는다. 잘못된 것이나 자아나 선하지 못한 마음은 이미 자리 잡고 있는 것이라서 쉽게 없앨 수 없다.

하지만 무엇이나 있는 그대로 알아차리면 알아차리는 마음에 의해 새로운 여백이 생긴다. 이 작은 여백에 좋은 것이나 무아나 선한 마음의 종자를 심어 자라게 해야 한다. 이것들이 자라면 자랄수록 있던 것들은 점점 작아진다.

이렇게 할 때만이 바람직하지 못한 모든 상황이 개선될 수 있다. 없어지지 않는 것을 없애려하지 말고 있는 그대로 알아차려서 새로운 씨앗을 심고 가꾸어야 한다.

55. 즐거움과 괴로움

즐거움은 독이고 괴로움은 약이다. 두 가지는 모두 와서 보라고 나타난 법이다. 즐거움이 괴로움이 되고 괴로움이 즐거움이 되므로 두 가지는 하나다. 즐거움은 감각적 욕망을 부추겨 의식이 무뎌지게 한다.

즐거움이 독이 되지 않게 하려면 있는 그대로 알아차려 집착하지 않아야 한다. 달콤한 것에 빠지면 항상 더 달콤한 것을 바라기 때문에 괴로움을 겪는다. 즐거움은 이성적 분별력이 사라지게 하여 의식을 몽롱하게 한다.

괴로움을 알아차려 지혜를 얻으면 오히려 의식이 고양된다. 괴로움이 약이 되게 하려면 있는 그대로 알아차려 수용해야 한다. 현재의 괴로움을 알아차리면 괴로움은 과거가 되고 괴롭지 않은 현재가 새로 생긴다.

56. 자아와 무아

마음은 매순간 빠르게 일어나서 사라진다. 한순간의 마음이 지속하는 기간은 빛이 번쩍하는 순간의 백만분의 일보다 짧다. 이처럼 빠르게 생멸하는 마음은 같은 마음이 아니고 매순간 다른 마음이다. 그러므로 어느 것이 나의 마음이라고 할 것이 없다.

이런 마음을 지배하는 자아는 없으며 단지 조건에 의해 일어나고 사라지면서 지속되는 과정만 있다. 이것이 무상이고 괴로움이며 무아다. 끊임없이 변하는 무상을 받아들이지 못해서 괴롭다.

무아를 자아로 알기 때문에 무명의 지배를 받아서 갈애의 노예가 된다. 내 몸과 마음이라고 생각하는 한 영원히 윤회의 사슬에서 벗어나기 어렵다. 모든 괴로움은 내가 있다는 견해 때문에 생긴다.

57. 알맞은 열쇠

거대한 문이라도 문에 맞는 열쇠가 있으면 열 수 있다. 작은 문이라도 문에 맞는 열쇠가 없으면 열지 못한다. 제 문에 제 열쇠가 있어야 열 수 있듯이 세상에서 일어난 모든 일에도 알맞은 해결방법이 있기 마련이다.

깨달음에 이르는 문도 깨달음에 알맞은 열쇠를 사용해야 열린다. 깨달음의 문을 여는 알맞은 열쇠는 있는 그대로 알아차리는 것이다. 있는 그대로 알아차리려면 대상과 아는 마음을 분리해야 한다.

대상과 아는 마음이 분리되지 않으면 대상에 개입해서 내가 본다는 견해를 가지고 본다. 그러면 대상이 가지고 있는 성품을 볼 수 없어 지혜가 나지 않는다. 이것이 아무 선입관 없이 대상을 있는 그대로 알아차리는 방법이다.

58. 속박에서 벗어난 자유

과거는 이미 지나가 버려 실재하지 않고 미래는 아직 오지 않아 실재하지 않는다. 실재하지 않는 것은 관념이다. 실재하는 것은 오직 지금 이 순간 여기에 있는 현재다. 이미 지나간 일에 매달려 후회하는 것이나 아직 오지 않은 일에 매달려 걱정하는 것은 어리석은 일이다.

오직 현재에 마음을 두고 알아차리는 것이 지혜로운 일이다. 살면서 생긴 모든 문제는 현재에서만 해결할 수 있다. 현재에서만 고요함과 지혜가 있으므로 현재에서만 행복을 얻을 수 있다.

현재로 오기 위해서는 자신의 몸과 마음을 알아차려야 한다. 현재 자신의 몸과 마음을 알아차릴 때 과거나 미래에 있지 않아 모든 속박에서 벗어나는 해탈의 지혜를 얻을 수 있다.

59. 으뜸

가장 으뜸이 되는 진리는 사성제(四聖諦)다. 사성제 고집멸도(苦集滅道)는 괴로움의 진리, 괴로움의 원인의 진리, 괴로움의 소멸의 진리, 괴로움의 소멸에 이르는 길의 진리다.

사성제는 연기를 회전시키는 고성제와 집성제인 세간의 진리가 있고 연기의 회전을 멈추게 하는 멸성제와 도성제인 출세간의 진리로 완성된다. 가장 으뜸이 되는 도(道)는 팔정도다. 팔정도는 여덟 가지 덕목으로 계율, 집중, 지혜를 얻는 가장 수승한 길이다.

사성제 중에서 도성제가 팔정도다. 가장 으뜸이 되는 가르침은 욕망을 일으키지 않도록 하는 것이다. 느낌이 일어났을 때 욕망이 일어나지 않도록 알아차리면 열반을 실현하여 괴로움뿐인 윤회에서 벗어난다.

옹달샘

3

동정하는 마음

자애로운 마음이 있을 때 남을 동정하는 연민의 마음이 일어난다.
남을 동정하는 마음이 생각으로 그쳐서는 안 된다.
상대가 겪는 괴로움을 해결하는 실천을 해야 한다.

60. 작은 여백에 씨앗을

잘못된 것을 알아차려도 완전히 소멸되지 않는다. 잘못된 것을 알아차리면 바른 것이 자리 잡을 수 있는 작은 여백이 생긴다. 이 작은 여백에 새로운 씨앗을 뿌려 자라게 하는 것이 수행이다.

대상을 있는 그대로 알아차리는 것이 씨앗을 심는 행위다. 대상을 지속적으로 알아차리는 것이 씨앗을 틔워 싹이 자라도록 하는 행위다. 이렇게 해서 열반에 이르는 것이 열매를 수확하는 결과다.

씨앗을 심고 자라게 하여 수확하는 것은 저절로 되지 않고 시간과 노력이 필요하다. 수행을 시작하고 발전시켜 결과를 얻는 과정도 저절로 되지 않는다. 적절한 시간동안 지속적인 노력을 기울여야 궁극의 진리를 발견하여 해탈의 자유를 누릴 수 있다.

61. 덕(德)과 도(道)

수행은 덕(德)과 도(道)가 모두 있어야 한다. 덕은
바라밀이고 도는 팔정도다. 덕은 기름진 땅이고 도
는 나무와 열매다. 덕이 없으면 도가 결실을 맺을
수 없다. 덕이 바탕에 충만할 때 그 힘으로 도를 구
축할 수 있다.

덕이 없는 도는 척박한 땅에 있는 메마른 나뭇가지
같아서 잎과 꽃을 피우지 못한다. 도가 없으면 덕이
라도 있어야 한다. 덕이 있어야 언젠가 도를 얻는
다. 덕과 도가 다 없으면 사막에 나무가 없는 것과
같다.

모든 것은 저절로 되지 않는다. 앞서서 한 행위에 따
라 그 결과가 있다. 바른 도를 얻기 위해서는 선한
마음으로 자신과 남을 모두 돌보는 바라밀 공덕을
쌓아야 한다. 그렇지 않으면 도가 열리지 않는다.

62. 법을 이끄는 알아차림

무엇이나 적절해야 한다. 좋은 것이나 나쁜 것이나 무엇이나 지나치면 바람직하지 못하다. 수행은 믿음, 노력, 알아차림, 집중, 지혜 다섯 가지 근기가 필요하다. 믿음이 지나치면 맹신에 빠지고 부족하면 방종에 빠진다.

노력이 지나치면 들뜨고 부족하면 게으름에 빠진다. 오직 알아차림 하나만은 많을수록 좋다. 알아차림은 아무리 많아도 부족하며 오근의 균형을 이끄는 가장 중요한 덕목이다. 집중이 지나치면 졸음에 빠지고 부족하면 산만해진다.

지혜가 지나치면 간교해지고 부족하면 어리석음에 빠진다. 알아차림이 강해질수록 나머지 네 가지 기능이 적절하게 조화를 이룬다. 수행자의 알아차림 하나가 팔만 사천 법을 이끌어 간다.

63. 태풍의 눈

마음이 모든 것을 이끈다. 모든 것을 이끄는 마음은 보이지 않는 비물질이다. 마음은 보이지 않기 때문에 있는지 몰라서 알아차리기 어렵다. 마음을 알아차리려면 보이지 않는 마음이 있는 것을 자각해야 한다.

또 마음을 알아차리라는 말을 계속 들어야 한다. 그래야 마음을 알아차리기 위해 마음을 새로 낼 수 있다. 위빠사나 수행의 알아차림이란 뜻은 첫째가 기억이고 둘째가 알아차림이다. 이는 알아차리는 것을 기억하여 마음을 새로 내는 것을 말한다.

마음은 태풍의 눈이다. 모든 것을 이끄는 마음을 알아차리면 태풍의 눈 위에 올라앉아 태풍을 소멸시킬 수 있다. 아무리 분노가 거세도 분노하는 마음을 알아차리면 즉시 소멸한다.

64. 나와 남

나를 생각하는 만큼 남도 생각하라. 나만 있고 남이 없으면 내가 존재할 수 없다. 나의 견해만 주장하고 남의 견해를 무시하면 나의 견해가 유지되지 못한다. 나의 이익만 있고 남의 이익을 배려하지 않으면 나의 이익이 보장되지 않는다.

상대가 부당하다고 판단되는 것도 관용을 베풀어야 한다. 그래야 내가 하는 부당한 일도 상대가 받아들인다. 항상 더불어 있는 것이 행복이다. 다만 더불어 있는 것이 필요한 일이라서 해야 한다.

상대에게 인정받기 위해서 배려하지 마라. 그랬다가 되돌아오는 것이 없으면 오히려 화를 내고 미워한다. 단지 나의 존엄성과 상대의 존엄성을 똑같이 존중한다는 마음으로 해야 진정으로 함께할 수 있다.

65. 판단의 유보

수행자는 항상 좋다거나 싫다는 판단을 유보해야
한다. 감각기관이 접촉하는 모든 것을 단지 하나의
대상으로 알아차려야 한다. 수행자는 대상을 판단
하기 위해 알아차리는 것이 아니고 대상이 있어서
알아차려야 한다.

대상에 대한 결론을 내리는 순간 알아차림을 놓치
고 자기 생각에 빠진다. 그러면 대상이 가지고 있는
고유한 성품인 무상, 고, 무아의 법을 알 수 없다.
대상을 지속적으로 알아차려서 고요해졌을 때 대상
의 성품이 보이는 지혜가 난다.

마음이 고요하지 못할 때는 어떤 결정도 내리지 말
아야 한다. 들떠있는 상태는 탐욕, 성냄, 어리석음
이 지배할 때다. 이런 상태에서 내린 결정은 불선심
으로 내린 판단이라 바르지 못하다.

66. 세간과 출세간

세간에서는 내가 있고 나의 이익을 우선하여 부당한 일이 행해진다. 그러므로 언제든지 잘못된 결과가 생길 수 있다. 세간에서는 믿음, 노력, 알아차림, 집중, 지혜가 없다. 그래서 탐욕, 성냄, 어리석음이 많아 세간이라고 한다.

출세간에서는 내가 없고 나의 이익을 우선하지 않아 바른 일이 행해진다. 그러므로 언제든지 바른 결과가 생긴다. 출세간에서는 믿음, 노력, 알아차림, 집중, 지혜가 있다. 그래서 관용, 자애, 지혜가 많아 출세간이라고 한다.

출세간은 세간을 벗어난다고 해서 출세간이다. 출세간은 세간에 머물지 않고, 세간을 정화하고, 세간과 단절해서 얻는다. 출세간은 사념처 위빠사나 수행으로 도과를 성취하여 완성한다.

67. 인간의 길

하늘에도 길이 있고
바다에도 길이 있고
땅에도 길이 있다.

인간에게도
길이 있다.

인간이 가는 길이
도(道)다.

도를 벗어나면 죽고
도를 따라가면 산다.

팔정도로 가면 해탈의 자유를 얻어
태어나고 죽는 것에서 벗어난다.

68. 미움

상대가 미울 때 미워하는 마음을 알아차려야 한다.
그러면 자신의 어리석음이 보인다. 상대에 대한 미
움은 자신의 어리석음을 알 때 사라진다. 그렇지 않
고 계속해서 미워하면 분노로 발전하여 자신을 괴
롭힌다.

상대를 미워할 때는 두 가지 불이익이 있다. 미워해
서 불이익이 있고 미워하는 순간 사랑이 없어서 불이
익이 있다. 상대에게 베풀 때 자신의 마음을 알아차
려야 한다. 그래야 바라는 마음 없이 베풀 수 있다.

만약 바라는 마음을 가지고 베풀어서 돌아오는 것
이 없으면 오히려 베풀고도 괴로움을 겪는다. 바라
는 마음 없이 베풀 때는 탐욕이 사라져 두 가지 이
익이 있다. 베풀어서 이익이 있고 이 순간에 탐욕이
없어 이익이 있다.

69. 사랑이 가득한 사람

사랑이 가득한 사람은 항상 아름다운 마음을 갖는다. 마음이 아름다우면 자신이나 남의 결점을 찾아내 비난하지 않아 언제나 평화롭다. 사랑이 가득한 사람은 잠을 자면서 악몽에 시달리지 않고 숙면을 취한다.

아침에 일어날 때는 미소를 지으며 일어난다. 사랑이 가득한 사람은 남을 사랑하기 때문에 자신도 남으로부터 사랑을 받는다. 남을 사랑하면 남에게 존경을 받아 행복하다. 사랑이 가득한 사람은 어려운 일에 닥쳐도 슬기롭게 헤쳐 나갈 수 있다.

사랑은 어떤 고뇌도 한순간에 녹여버린다. 사랑이 가득한 사람은 평화롭게 죽음을 맞이한다. 누구도 미워하지 않고 사랑으로 가득 차 있으면 현재도 행복하고 미래에도 행복하다.

70. 미세한 욕구

물질이 풍족하다고 행복하지 않다. 행복은 물질에 있지 않고 지혜로운 마음에 있다. 마음이 평화로워야 행복하다. 마음이 평화로우려면 탐욕이 없어야 한다. 탐욕이 있는 한 마음의 평화를 얻을 수 없다.

탐욕은 탐욕인지도 모르는 미세한 욕구로부터 시작된다. 미세한 욕구가 충족되기 시작하면 탐욕으로 발전하여 습관이 된다. 습관은 축적된 성향이 되어 나를 지배한다.

편리함 속에 숨겨진 미세한 욕구를 알아차리지 못하면 탐욕의 노예로 살아 괴로움에서 벗어나지 못한다. 탐욕이 없으려면 어리석지 않아야 한다. 어리석음이 있는 한 탐욕에서 벗어날 수 없다. 어리석음에서 벗어나려면 몸과 마음을 알아차려서 무아의 지혜가 나야 한다.

71. 허세

허세는 거품이다.
거품은 모양만 요란하고 실체가 없다.

실체가 없는 것이 진실처럼 보이면
자신도 속고 남도 속인다.

거품은 일어난 순간 사라진다.
거품이 빠진 자리에는 초라한 괴로움만 남는다.

허세는 이익이 아니고 손실이다.
거품이 빠진 자리에서 새싹이 난다.

허세로 사는 한평생보다
진실하게 사는 하루가 더 낫다.

72. 고난은 법이다

괴로워하지 마십시오. 괴로움을 있는 그대로 알아
차리십시오. 괴로움은 욕망이 남긴 일상의 일입니
다. 괴롭지 않으려고 해서 더 괴롭습니다. 괴로움을
있는 그대로 알아차리면 괴로움이 지혜가 되어 오
히려 행복의 밑거름이 됩니다.

두려워하지 마십시오. 두려움을 있는 그대로 알아
차리십시오. 두려움은 욕망이 남긴 일상의 일입니
다. 두려워하지 않으려고 해서 더 두렵습니다. 두려
움을 있는 그대로 알아차리면 두려움이 단지 자신
의 생각일 뿐이라고 알게 됩니다.

어떤 고난이 닥쳐도 그냥 받아들이십시오. 고난은
단지 알아차릴 대상에 불과한 것이라서 사소한 일
입니다. 모든 것이 올만해서 왔을 뿐이라고 알면 고
난이 법으로 바뀝니다.

73. 병의 치유

악한 행동을 하는 사람은 정신적인 병을 앓고 있으므로 보살펴주어야 한다. 악한 사람을 비난할 것이 아니라 오히려 동정해야 한다. 몰라서 그런 행동을 할 때 아는 사람이 이해해야 한다.

악을 비난하면 똑같이 악으로 대항하는 것이라서 평화가 없다. 악을 동정하면 선한 마음이 되어 모두에게 평화가 있다. 누구나 태어날 때부터 선한 마음을 가지고 있으므로 적절한 기회가 오면 선한 사람이 될 수 있다.

어리석은 사람에게 따뜻한 사랑을 줄 때만이 악한 마음이 선한 마음으로 돌아온다. 악한 사람을 비난하면 더욱 악해지지만 사랑으로 감싸 안으면 선한 사람이 된다. 악이 선을 이기지 못하고 오직 선만이 악을 극복할 수 있다.

74. 행복의 조건

자신의 이익을 위해 남을 비난하는 폭력을 사용해서는 안 된다. 이렇게 해서 얻는 이익은 오히려 손실을 가져온다. 남을 비난하면 자신이 비난받고 남이 싫어하며 버림받는 과보가 따른다.

신분이 높은 사람일수록 영향력이 커 불선과보가 더 크게 나타난다. 어리석음에 눈이 멀면 목전의 이익에 매달려 상대의 희생을 서슴지 않는다. 세간에서 얻는 잘못된 이익은 괴로움의 원인이 되어 자신과 남을 병들게 하므로 이런 길을 가서는 안 된다.

바른 길도 알아차려서 집착하지 않아야 하거늘 하물며 바르지 못한 길을 가는 것은 잘못된 선택이다. 무엇인가를 얻는 것이 중요하지 않다. 어떻게 하면 인생을 바르게 사느냐가 행복의 조건이다.

75. 동정하는 마음

자애로운 마음이 있을 때 남을 동정하는 연민의 마음이 일어난다. 남을 동정하는 마음이 생각으로 그쳐서는 안 된다. 상대가 겪는 괴로움을 해결하는 실천을 해야 한다.

병든 자, 가난한 자, 핍박받는 자, 고독한 자, 버림받은 자, 어리석은 자, 타락한 자, 이기적인 자들이 모두 동정 받아야 할 자들이다. 심지어 성공하여 재산을 모으고 사회적인 지위를 얻고도 정신이 타락한 자라면 마땅히 동정해야 한다.

남을 동정하는 마음은 따뜻한 바람과 같고 부드러운 꽃잎과 같이 아름다운 마음이다. 남을 돌보는 자는 자신을 돌보는 자다. 아무 바람 없이 돌보면 더 큰 자애와 연민의 마음이 생겨서 남의 성공을 기뻐하게 되고 평등한 마음이 된다.

76. 법과 공덕

법은 있는 그대로의 진실이다. 존재하는 모든 생명의 진실은 무상, 고, 무아다. 법을 알면 어리석음과 욕망이 사라져 모든 번뇌가 소멸한다. 법이 아무리 좋아도 모르는 사람에게는 법이 아니다.

법은 준비된 자에게만 문이 열린다. 법은 선한 인연이 있어서 만나고 인연이 없으면 만나지 못한다. 선한 인연이 있어서 만났다가도 인연이 다하면 멀어진다. 인연이란 누가 만드는 것이 아니고 오직 자신이 만든다.

크고 작은 만남은 모두 저마다의 마음이 만들어낸 결과다. 마음은 매순간 일어나서 사라지고 새로운 마음이 일어나기 때문에 언제 어떤 마음이 일어날지 알 수 없다. 법을 만나거나 지속하는 것은 선한 공덕의 힘으로 된다.

77. 자비(慈悲)

인간은 선한 마음과 악한 마음이 함께 있다. 인간의 마음은 모든 생명 중에서 가장 강력한 마음을 가지고 있다. 선한 마음일 때는 덕의 보고가 되어 향기가 나고 악한 마음일 때는 쓰레기더미가 되어 악취가 난다.

선한 마음에는 네 가지 무한한 마음인 자애, 연민, 함께 기뻐함, 평등이 있다. 자애는 살아있는 모든 생명이 행복하기를 바라는 숭고한 마음이다. 연민은 살아있는 모든 생명들이 고통 받지 않기를 바라는 숭고한 마음이다.

함께 기뻐함은 남의 기쁨을 적극적으로 환영하는 숭고한 마음이다. 평등은 공평하게 바라보는 마음으로 집착과 혐오 없이 좋아하거나 싫어하지 않는 숭고한 마음이다. 이런 마음이 인간을 가장 고귀하게 한다.

78. 실수

누구나 실수를 한다. 실수를 관대하게 받아들여야 한다. 실수를 비난하면 어리석음으로 남지만 받아들이면 지혜가 된다. 누구나 실수하면서 발전한다. 실수를 받아들이지 않으면 발전할 기회가 사라진다.

실수를 받아들이지 못하면 탐욕, 성냄, 어리석음이 있다. 받아들이는 마음에는 관용, 자애, 지혜가 있다. 실수를 평등심으로 받아들이면 덕을 쌓을 수 있는 기회다. 실수는 인간의 행위가 여러 가지 가능성을 가지고 있다는 의미다.

이 가능성은 모든 생명 중에서 인간만이 가진 특권이며 선을 향해서 가는 덕목이다. 더 좋아질 가능성이 있다면 더 나빠질 가능성도 있다. 실수를 어떻게 받아들이느냐에 따라 좋아지거나 나빠질 수 있다.

79. 누가 사는가?

날씨가 맑아서 기분이 좋다면 날씨가 흐린 날은 기분이 나쁠 수밖에 없다. 날씨와 기분은 서로 다르다. 날씨를 있는 그대로 알아차리면 단지 날씨에 불과할 뿐이다. 날씨를 있는 그대로 알아차리지 못하면 날씨가 기분을 좌우한다.

내 마음이 날씨 때문에 영향을 받는다면 내가 사는 것이 아니고 날씨가 산다. 좋은 일로 인해 기분이 좋다면 나쁜 일로 인해 기분이 나쁠 수밖에 없다. 좋은 일과 기분은 서로 다르다. 좋은 일을 있는 그대로 알아차리면 단지 좋은 일에 불과할 뿐이다.

좋은 일을 있는 그대로 알아차리면 못하면 좋은 일이 기분을 좌우한다. 내 마음이 좋은 일 때문에 영향을 받는다면 내가 사는 것이 아니고 좋은 일이 산다.

80. 명예

남에게 보여서 명예를 얻으려고 하는 행위는 명예
로운 일이 아니다. 자신이나 남에게 모두 이로운 일
을 해야 명예로운 일이다. 자신의 이익은 소매 속에
감추고 남의 이익만 내세우는 것도 명예로운 일이
아니다.

명예를 쫓아다니는 것도 명예로운 일이 아니다. 꽃
은 벌을 쫓아다니지 않는다. 벌이 꽃의 향기에 이
끌려 찾아오는 것처럼 얻으려 하지 않아도 자연스
럽게 얻는 것이 명예로운 일이다. 어리석으면 명예
를 얻으려고 분주하지만 돌아오는 것은 불명예밖
에 없다.

지혜가 있으면 명예를 얻으려고 노력하지 않아도
자연스럽게 명예가 주어진다. 명예는 내가 결정하
는 것이 아니다. 명예를 얻었다고 해도 결국에는 허
공으로 사라진다.

81. 차이

남의 고통을 즐기면 선하지 못한 사람이다. 선하지
못하면 남의 고통을 통해 대리만족을 한다. 남의 고
통에 희열을 느끼면 자신을 학대하여 괴롭게 산다.
남의 고통을 즐기면 남이 즐거울 때 괴로워한다.

선하지 못하면 진실이 밝혀지는 것을 두려워해 사
물을 있는 그대로 보려고 하지 않는다. 남의 즐거움
을 기뻐하면 선한 사람이다. 선하면 남이 즐거움을
느낄 때 함께 즐거워한다. 남의 즐거움을 함께 기뻐
하면 자신을 기쁘게 하여 즐겁게 산다.

남의 즐거움을 기뻐하면 남의 고통을 괴로워한다.
선하면 진실이 밝혀지는 것을 바라기 때문에 사물
을 있는 그대로 알아차린다. 선하지 못한 것과 선한
것은 단지 어리석음과 지혜의 차이다.

82. 시간

시간을 아껴 쓰는 사람은 언제나 시간이 부족하다. 시간이 부족한 사람은 항상 할 일을 한다. 시간을 아껴 쓰지 않는 사람은 언제나 시간이 많다. 시간이 많은 사람은 별로 하는 일이 없다.

부지런한 자는 없는 시간을 만들어서 쓰지만 게으른 자는 허용된 시간도 사용하지 않는다. 범부는 시간이 부족하기도 하고 남기도 한다. 하지만 성자는 부족하거나 남는 시간이 없다.

성자는 오직 현재에 머물러서 대상을 있는 그대로 알아차리기 때문에 시간의 흐름을 초월한다. 성자의 시간에도 과거와 현재와 미래가 있지만 현재의 몸과 마음을 알아차리는 순간에는 시간이 정지되어 시간을 초월한다. 이때 탐욕, 성냄, 어리석음의 번뇌가 소멸한다.

83. 천박한 사람, 고귀한 사람

내가 최고라고 하면서 남을 무시하는 사람, 그칠 줄
모르는 욕망으로 무엇이나 움켜쥐는 사람, 무슨 일
이나 화부터 내는 사람, 남을 비난하는 것으로 세월
을 보내는 사람은 천박하다.

자신을 낮추고 남을 공경하는 사람, 필요한 만큼만
얻고 만족할 줄 아는 사람, 자애가 충만한 사람, 자
신이나 남을 관대하게 받아들여서 이해하는 사람은
고귀하다. 신분이 자신의 가치를 결정하지 않는다.
자신의 성품이 자신의 가치를 결정한다.

누구나 자신이 한 행위대로 평가를 받는다. 천박한
사람은 배척받아 삭막하게 살고, 고귀한사람은 존
경받아 풍요하게 산다. 천박하면 윤회의 흐름에 빠
져 불행하고, 고귀하면 윤회의 흐름에서 벗어나 행
복하다.

84. 한 순간의 진실

모든 것은 한 순간에만 존재한다. 진실은 오직 한순간에 있다. 한순간은 일어나서 사라지지만 다음 조건을 만들고 사라진다. 이러한 조건의 연속이 윤회다. 조금 전의 몸과 현재의 몸이 다르고, 현재의 몸과 조금 뒤의 몸이 다르다.

어느 것이 나의 몸이라고 할 것이 없다. 조금 전의 마음과 현재의 마음이 다르고, 현재의 마음과 조금 뒤의 마음이 다르다. 어느 것이 나의 마음이라고 할 것이 없다. 매순간 같은 몸과 마음이 아닌 것이 무상이고 괴로움이며 무아다.

모든 것은 일어나서 사라지는 연속적 순간만 있다. 이것을 받아들이기 어려워 괴롭다. 이런 괴로움을 해결하려고 해도 해결할 내가 없다. 내가 없는데 무엇을 집착하겠는가?

85. 떠나는 임

사랑하는 임이 떠나려한다면 고이 보내드리십시오. 사랑하기 때문에 붙잡으려한다면 진실한 사랑이 아닙니다. 결코 떠나보낼 수 없다면 사랑이 아니고 이기적인 욕망입니다. 사랑하기 때문에 기꺼이 보내는 것이 아름다운 사랑입니다.

사랑에 대한 폭력은 평생을 두고 돌이킬 수 없는 한이 되어 고통을 겪습니다. 사랑은 소유가 아니고 베푸는 것입니다. 임이 떠난다고 너무 절망하지 마십시오. 나중에 헤어질 사람을 일찍 헤어졌다고 생각하십시오.

헤어져서 괴롭지만 오히려 서로에게 다행한 일이 될 수도 있습니다. 이성간의 사랑은 혼자 하는 것이 아닙니다. 인연은 거역하기 힘듭니다. 헤어질 인연을 그대로 받아들이는 것이 순리입니다.

86. 믿음과 노력

믿음이 무조건 좋은 결과를 가져다주지는 않는다.
믿음은 그럴 것이라는 전제지 반드시 그렇게 되는
것은 아니다. 믿음이 장애가 될 수 있는 것은 경험
이 오히려 장애가 될 수 있는 것과 같다. 경험이 있
다고 일을 소홀히 하면 경험이 없는 것만 못하다.

믿는 구석이 있을 때는 열심히 노력하지 않아 나태
해 질 수 있다. 모든 일에 경각심을 가지고 대하지
않으면 오히려 믿음이 장애가 된다. 믿음이 없는 것
보다 있는 것이 좋다. 그러나 믿음만 있고 노력하지
않으면 믿음이 없는 것만 못하다.

믿음도 있고 노력도 할 때라야 이상적인 결과를 얻
는다. 믿음을 가지고 노력하면 알아차림이 증장되
어 집중이 되고 지혜를 얻어 깨달음에 이른다.

87. 두 가지 극단

인간의 의식을 황폐화시키는 두 가지 극단이 있다. 감각적 욕망과 극단적 고행이다. 수행자는 이 두 가지 극단을 피해야 한다. 감각적 욕망은 좋은 것을 지나치게 탐닉하는 것이다. 이것은 저속하고 어리석은 일이며 아무런 이익이 없다.

극단적 고행은 억제를 지나치게 집착하는 것이다. 이것은 괴롭고 어리석은 일이며 아무런 이익이 없다. 감각적 욕망과 극단적 고행은 지성을 나약하게 하고 마음을 악에 바치게 한다. 이런 마음으로는 어떤 평화도 얻을 수 없을 뿐만 아니라 결코 대상의 성품을 알 수 없다.

수행자는 감각적 욕망에 빠져서도 안 되지만 극단적 고행을 해서도 안 된다. 오직 있는 그대로 알아차리는 중도를 실천해야 한다.

88. 마음에 드는 것

마음에 드는 것을 집착하면 마음에 들지 않는 것은 혐오한다. 감각적 욕망이 있으면 마음에 드는 것만 받아들인다. 감각적 욕망은 모든 잘못의 근원으로 항상 어리석음과 함께 있다.

마음에 드는 것만 받아들이면 바른 것을 배척하여 자신을 파멸의 길로 이끈다. 마음에 들지 않더라도 바른 것이면 받아들여야 한다. 마음에 드는 것만 골라서 선택하면 습관적인 마음으로 살게 되어 바른 세상을 향해서 가는 문을 열 수 없다.

습관대로 살면 과보심으로만 살아서 자신을 향상시킬 수 없다. 마음에 드는 것이나 들지 않는 것이나 모두 알아차릴 대상이다. 마음에 들거나 들지 않는 것이 모두 알아차릴 대상이 될 때 균형이 있는 시각을 갖는다.

89. 정사유(正思惟)

바른 사유는 올바른 의도를 가지고 올바른 목적으로 계획을 세우는 것이다. 바른 사유를 하려면 바르지 못한 생각에서 바른 생각을 하도록 마음을 기울여야 한다. 자신의 생각이 자신을 더럽히거나 정화한다.

자신의 생각이 자신을 파멸에 이르게 하거나 구원한다. 바른 사유를 하려면 세간의 탐욕을 포기하고 이기심의 반대가 되는 출세간의 이타심을 가져야 한다. 세간의 성냄과 미워하는 마음에서 출세간의 사랑하는 마음을 가져야 한다.

세간의 잔인함과 무자비한 마음에서 출세간의 해를 끼치지 않고 남을 동정하는 마음을 가져야 한다. 바른 사유는 자신에게 잠재되어 있는 선하지 못한 성품을 선한 성품으로 바꾸게 하여 행복을 준다.

90. 있는 그대로

남의 말을 모두 사실로 받아들이지 마라. 남이 어떤 목적을 가지고 말하는지 알 수 없다. 훌륭한 글이라고 해서 모두 진실로 받아들이지 마라. 단지 자신의 견해를 밝혔을 뿐이다.

전통이라고 해서 무조건 따르지 마라. 관행으로 전해진 것이라고 해서 모두 옳은 것은 아니다. 모든 것을 무조건 부정해서도 안 되지만 그렇다고 무조건 수용해서도 안 된다. 먼저 옳고 그름을 따지지 말고 하나의 대상으로 알아차려야 한다.

말이나 글은 항상 과장하거나 왜곡하기 마련이다. 전통은 의식을 고착화시켜 창의성을 저해할 수 있다. 무엇이나 옳고 그름을 따지지 말고 있는 그대로 알아차리면 자연스럽게 대상이 가지고 있는 진실을 발견한다.

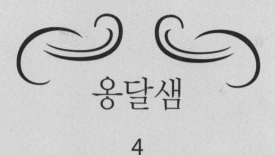

옹달샘

4

대상의 성품

수행자는 현장의 삶을 회피하지 말고 직접 부딪쳐서 헤쳐 나가야 한다.
어떤 상황이나 자신에게 주어진 것이라면 있는 그대로 알아차려야 한다.
삶이 진흙탕처럼 고통스러울 때는 고통을 피하지 말고
있는 그대로 알아차려야 한다.

91. 불평등

세상 사람들의 불평등은 모두 자신이 한 행위에 대한 결과다. 행복과 불행은 과거에 자신이 한 행위에 대한 현재의 결과다. 살아있는 생명을 해치거나 많이 죽인 사람은 그 과보로 병이 많거나 일찍 죽는다.

살아있는 생명을 사랑하고 동정하면 그 과보로 병이 없으며 오래도록 산다. 화를 잘 내는 사람은 그 과보로 얼굴이 밉게 태어난다. 온순한 사람은 그 과보로 얼굴이 아름답게 태어난다. 남을 시기 질투하면 그 과보로 높은 지위를 얻지 못한다.

남이 잘된 것을 기꺼운 마음으로 환영하면 그 과보로 높은 지위를 얻는다. 남에게 베풀지 않은 사람은 그 과보로 가난하다. 남에게 베푸는 일을 많이 한 사람은 그 과보로 부자로 산다.

92. 괴로움의 진리

인간으로 태어나는 것도 어렵고, 사는 것도 어렵고, 죽는 것도 어렵다. 태어나서 살다가 죽는 과정에 어렵지 않은 것이 하나도 없다. 이러한 어려움이 인생의 괴로움이다. 누구나 태어난 이상 괴로움이 불가피하므로 괴로움은 세간의 진리다.

괴로움은 와서 보라고 나타난 법이다. 괴로움을 있는 그대로 알아차리지 않으면 과거, 현재, 미래가 모두 괴롭다. 괴로움을 있는 그대로 알아차리면 과거, 현재, 미래가 모두 괴롭지 않다.

괴로움을 있는 그대로 알아차리는 것이 괴로움에서 벗어나는 유일한 출구다. 괴로움을 그대로 알아차려서 벗어나는 것이 출세간의 진리다. 괴로움은 고통을 주는 독이 되기도 하지만 해탈을 주는 약이 되기도 한다.

93. 가진 자, 못 가진 자

가진 자는 우월감에 젖어 오만해지기 쉽다. 못가진 자는 적개심에 불타거나 비굴해지기 쉽다. 가진 자가 우월감에 취하면 언젠가 가진 것을 잃는다. 못가진 자가 적개심에 불타면 언젠가 가질 기회를 잃는다. 모든 것은 반드시 일어나서 사라지므로 결코 영원하지 않다.

가졌다고 해서 내가 가진 것이 아니다. 못 가졌다고 해서 내가 못 가진 것이 아니다. 가졌을 때는 가진 것을 알아차려서 욕망에 취하지 말아야 한다. 못 가졌을 때는 못 가진 것을 알아차려서 절망하지 말아야 한다.

무엇이나 있는 그대로 알아차려서 집착하지 않고 비통해 하지 않아야 비로소 진실을 아는 지혜로운 자가 된다. 진실을 아는 자가 모든 것을 다 가진 자다.

94. 인간의 길

어리석으면 괴롭기 위해 살고, 지혜가 있으면 즐겁기 위해 산다. 괴롭기 위해 사는 사람은 탐욕으로 산다. 즐겁기 위해 사는 사람은 관용으로 산다. 탐욕은 필요 이상의 것을 바라고 집착하는 마음이다.

선한 의도는 탐욕이 아니라서 괴로움이 아니고 즐거움이다. 탐욕은 어리석어서 일어나며 여기에는 항상 자아가 있다. 내가 없으면 어리석지 않아 탐욕을 일으키지 않는다. 내가 있다는 잘못된 견해로 인해 언제나 필요 이상의 것을 바란다.

내가 없다고 알아야 탐욕이 사라져 청정하게 산다. 자아가 없고 무아라고 아는 것이 있는 그대로의 법이다. 인간이 살아가는 근본원인은 어리석음과 탐욕이다. 이것 뒤에는 언제나 자아가 있다.

95. 좋은 일, 나쁜 일

좋은 일도 지나치면 나쁜 일이 될 수 있고, 나쁜 일도 지나치지 않으면 좋은 일이 될 수 있다. 좋은 일이나 나쁜 일이나 하나의 대상으로 알아차리면 지나침이 없어 바른 일이 될 수 있다.

좋은 일을 알아차리지 못하면 집착하여 좋은 일이 아닐 때 괴로움에 빠진다. 나쁜 일을 알아차리면 집착하지 않아 즐거움을 얻는다. 좋은 일이나 나쁜 일이나 모두 일어날 만해서 일어난 하나의 현상에 불과하다.

모든 대상과 접촉할 때마다 좋아하고 싫어하면 대상이 가지고 있는 성품을 알 수 없다. 좋은 일이나 나쁜 일이나 모두 일어나서 사라지는 무상이며, 이것 자체가 괴로움이며, 이것을 소유하는 자아가 없다고 알 때 해탈의 자유를 얻는다.

96. 하나의 앎

대상을 알 때 단순하게 마음 하나만 작용하지 않는다. 마음과 마음의 작용이 함께 하여 하나의 앎이 이루어진다. 바른 평가는 바른 인식에서 나온다. 바른 인식이 없으면 바른 평가가 없다.

바른 인식을 할 때 바른 평가를 하고 바른 의식을 한다. 바르지 못한 평가는 바르지 못한 인식에서 나온다. 바르지 못한 인식이 있으면 바르지 못한 평가를 한다. 바르지 못한 인식을 할 때 바르지 못한 평가를 하고 바르지 못한 의식을 한다.

인식은 오온의 상(想) 기능이고 평가는 행(行)의 기능이고 의식은 식(識)의 기능이다. 바른 상의 기능이 있어야 바른 행으로 평가하고 바르게 의식한다. 상과 행은 마음의 작용이고 식은 대상을 아는 마음이다.

97. 괴로움의 소멸

헛된 명예와 감각적 욕망에 눈이 멀면 괴로움의 진실을 알지 못한다. 괴로움의 진실을 모르면 어리석은 행위를 계속해 항상 괴롭게 산다. 자신이 겪는 괴로움은 어느 날 우연히 온 것이 아니다. 모든 일은 원인이 있어서 생긴 결과로 나타난다.

자신의 몸과 마음이 일으킨 원인은 자신이 결과를 받는다. 괴로움의 원인을 제거하려면 괴로움을 있는 그대로 알아차려야 한다. 괴로움을 있는 그대로 알아차리면 괴로움이 순간적으로 소멸한다.

하지만 괴로움은 다시 나타난다. 괴로움을 계속 알아차리면 괴로움이 일시적으로 소멸한다. 하지만 괴로움은 다시 나타난다. 괴로움을 계속 알아차려서 통찰지혜가 날 때라야 괴로움이 완전하게 소멸한다.

98. 화

화는 화를 내는 것으로
소멸시킬 수 없다.

화는 이해하고
불쌍히 여기고
사랑하고
내가 없어야 소멸된다.

99. 초세간적 앎

인생에 대해서 안다고 해도 자기 수준으로 아는 것이지 완전하게 아는 것이 아니다. 존재하는 세계에서 완전하게 아는 것이란 무상, 고, 무아를 아는 것이 전부다. 이상 세 가지 법은 초세간적이라서 세간의 앎으로는 이해하기 어렵다.

이와 같은 진실을 아는 사람은 인생을 안다고 말하지 않는다. 진실을 모르는 사람이 인생을 안다고 말한다. 알아도 안다고 하지 않는 것은 법을 완전하게 알지 못하기 때문이다.

몰라도 안다고 하는 것은 법을 완전하게 아는 것처럼 생각하기 때문이다. 그러므로 진리를 아는 사람은 내가 진리를 안다고 말하지 않는다. 진리는 모르는 사람이 내가 진리를 안다고 말한다. 누구나 모르는 것을 알 뿐이다.

100. 마음의 정화

자신의 마음이 모든 것을 이끈다. 마음이 선하면 선한 생각을 하고, 선한 말을 하고, 선한 행동을 한다. 선한 생각과 말과 행동을 하면 선한 과보심이 생겨 계속 선한 마음을 갖는다.

마음이 선하지 못하면 선하지 못한 생각을 하고, 선하지 못한 말을 하고, 선하지 못한 행동을 한다. 선하지 못한 생각과 말과 행동을 하면 선하지 못한 과보심이 생겨 계속 선하지 못한 마음을 갖는다.

모든 것을 이끄는 자신의 마음을 정화하려면 자신의 몸과 마음을 알아차려서 번뇌에 오염되지 않도록 해야 한다. 알아차림이 없는 마음은 고삐 풀린 망아지와 같아서 통제가 되지 않는다. 알아차림이 있는 마음은 말뚝에 묶은 망아지와 같아서 통제가 된다.

101. 인간의 조건

인간이 당면한 모든 문제는 자신이 지은 업의 결과
로 생기는 것만은 아니다. 누구나 자신이 과거에 한
행위에 대한 결과를 받지만 다른 조건의 영향도 받
는다. 업의 영향을 받는 것 외에 계절의 영향과 자
연법칙에 의한 결과도 있다.

또 유전적 요인에 의해 생기는 결과도 있다. 그리고
자신의 선천적 성격이나 후천적 성격에 의해 생기
는 결과도 있다. 또 역사와 지역과 문화적 관습으로
인해 생기는 결과도 있다. 이처럼 인간이 가진 문제
는 다양한 조건에 의해 생긴 결과다.

그러므로 자신의 일이 반드시 자기 의지대로만 되
지 않는다. 오직 자신의 몸과 마음을 알아차려서 지
혜가 날 때만이 당면한 모든 문제를 스스로 극복할
수 있다.

102. 수행

수행은 자랑거리가 아니다. 수행은 자신의 마음을 계발하는 행위다. 그러므로 타인에게 자신이 수행자라고 밝히지 말아야 한다. 자신이 수행자라고 밝히면 스스로를 과시하는 것이다. 자신이 수행자라고 말하면 상대와 위화감을 조성할 수 있으며 오히려 조롱거리가 될 수 있다.

타인에게 수행을 권할 수는 있지만 강요해서는 안 된다. 수행은 자신의 내면을 통찰하는 행위라서 자신이 원하지 않으면 할 수 없다. 만약 원하지 않는 수행을 강요할 때는 서로가 고통을 겪을 뿐만 아니라 오히려 상대가 수행을 경원하게 된다.

남에게 수행을 권하려면 먼저 자신의 말과 행동으로 모범을 보여서 상대가 수행에 대해 관심을 갖도록 해야 한다.

103. 단죄하지 마라

세간에서는 악한 사람을 비난하고 단죄한다. 출세간에서는 악한 사람을 이해하고 용서한다. 몰라서 어리석은 행동을 하면 자신이 그 과보를 받는다. 그러므로 남이 단죄할 필요가 없다.

남을 비난하고 단죄할 때는 잘못한 사람의 마음과 같아진다. 잘못한 사람의 마음이나 잘못한 사람을 비난하는 마음이 같다면 잘못한 상대와 내가 다를 것이 없다. 남의 잘못으로 인해 내가 나쁜 영향을 받아서는 안 된다.

남의 잘못을 이해하고 용서하면 나쁜 영향을 받지 않고 오히려 정신적으로 성숙한다. 세상의 모든 일은 일어날만해서 일어난 원인과 결과로 진행된다. 남의 잘못을 이해하고 용서하면 새로운 원인이 생겨 연기의 사슬에서 벗어난다.

104. 시간의 법

시간은 소리 없이 와서 소리 없이 사라진다. 시간은 누구도 기다려주지 않고 항상 제 길을 간다. 오고 가는 시간을 모르면 어리석게 산다. 오고 가는 시간을 알면 지혜롭게 산다. 매순간 과거가 현재가 되고 다시 현재가 미래가 된다.

시간은 매순간 새로운 것을 만들고 매순간 만든 것을 소멸시킨다. 흐르는 시간의 성품을 모르면 욕망에 사로잡혀 허망하게 산다. 흐르는 시간의 성품을 알면 값진 인생을 산다.

시간이 흘러가는 것이 무상이고, 시간이 흘러가는 것이 괴로움이고, 흘러가는 시간을 붙잡을 수 없는 것이 무아다. 시간의 법을 알면 미련을 여의고 홀연히 생을 마감할 수 있다. 시간처럼 미련 없이 떠날 수 있는 것이 행복이다.

105. 대상의 성품

수행자는 현장의 삶을 회피하지 말고 직접 부딪쳐서 헤쳐 나가야 한다. 어떤 상황이나 자신에게 주어진 것이라면 있는 그대로 알아차려야 한다. 삶이 진흙탕처럼 고통스러울 때는 고통을 피하지 말고 있는 그대로 알아차려야 한다.

삶이 꽃가마를 탄 것처럼 즐거울 때는 즐거움에 취하지 말고 있는 그대로 알아차려야 한다. 진흙탕을 피하고 꽃가마만 타기를 원하면 출세간의 이상을 실현할 수 없다. 괴롭다고 피하면 두려움으로 인해 대상의 성품을 알 수 없다.

즐겁다고 취하면 혼미해져 대상의 성품을 알 수 없다. 괴로움이나 즐거움이나 대상이 가지고 있는 성품은 똑같다. 모두 원인이 있어서 생긴 결과며 이것을 소유하는 자아는 없다.

106. 선한 일

다른 사람들과의 불평등이 괴로우면 지금부터 선한 일을 해라. 그러면 언젠가 다른 사람들과 같아질 것이다. 다른 사람들과 같은 것도 받아들일 수 없다면 지금까지 한 선한 일보다 더 선한 일을 해라. 그러면 다른 사람과 비교하는 마음이 사라져 자신의 행복을 얻게 될 것이다.

선한 일이란 보시, 지계, 수행을 하는 것이다. 남에게 베풀고, 도덕적 규범을 준수하고, 자신의 몸과 마음을 알아차리는 수행을 하면 지혜가 나서 어떤 일에도 걸림이 없는 자유인이 된다.

남에게 베풀 때는 바라는 것이 없어야 한다. 도덕적 규범을 지키기 위해서는 일정한 계율을 지켜야 한다. 대상을 있는 그대로 알아차리는 수행을 해야 완전한 지혜가 난다.

107. 인연

인연이란 만났다가 헤어지는 것이다. 인연의 시작
은 만남이고 인연의 끝은 헤어짐이다. 만남의 기간
이 짧거나 길 뿐 결국에는 헤어진다. 만남이 짧아도
강렬한 인연이 있고 만남이 길어도 가벼운 인연이
있다. 하지만 만남이 짧거나 길어도 헤어지는 인연
이라는 것에서는 모두 똑같다.

만난 이상 헤어져야 하듯이 태어난 이상 죽어야 한
다. 아무리 소중한 관계라도 인연이 다하면 결국에
는 떠나보내야 한다. 헤어져서 아픈 고통이 어디 이
번 생뿐이겠는가. 헤어져서 흘린 눈물이 어디 이번
생뿐이겠는가.

태어난 이상 헤어지고 죽어야하는 고통을 겪으면서
눈물을 흘리지 않기 위해서는 모든 욕망을 버려 새
로운 인연을 만들지 말아야 한다.

108. 가진 자의 괴로움

가진 자는 가져서 괴롭다. 가진 것이 소멸할까 두려워서 괴롭고, 가진 것보다 더 갖지 못해서 괴롭다. 가진 자는 남이 알아주지 않아서 괴롭고, 가진 것을 과시하는 마음으로 남을 무시해서 괴롭다.

돈, 지위, 명예를 가지고도 괴롭다면 바르게 가진 것이 아니다. 가지고도 괴롭다면 바른 소유가 아니다. 가지고도 괴롭지 않으려면 가진 것을 나의 것이라고 생각해서는 안 된다.

열심히 노력해서 얻은 것에 감사하고, 자신이 가질 수 있도록 도와준 모든 사람에게 감사해야 한다. 어떤 것도 혼자의 힘으로는 이룩할 수 없다. 자신이 가진 것에 대한 공덕을 모두 남에게 돌릴 때 비로소 괴롭지 않다. 이런 마음을 갖게 되어야 바르게 가진 것이다.

109. 선악(善惡)을 벗어난 마음

악이 선을 이기지 못한다. 선이 악을 이긴다. 악이 선을 이기는 것 같지만 악은 반드시 악한 과보를 받아 결국에는 선에게 진다. 선이 악에게 지는 것 같지만 선은 반드시 선한 과보를 받아 결국에는 악을 이긴다.

악이 지배하는 세계는 욕망이 계속되어 끝없는 윤회를 한다. 선이 지배하는 세계는 욕망이 소멸하여 윤회가 끝난다. 악이 지배하면 어리석음이 있고 지혜가 없어 깨달음이 없다.

선이 지배하면 지혜가 있고 어리석음이 없어 깨달음이 있다. 이러한 깨달음이 선이 악을 이기는 궁극의 결과다. 깨달은 마음은 이기고 지는 승부가 없고 선악을 초월한 오직 선한 마음만 있다. 이때의 마음이 가장 고결한 단지 작용만 하는 마음이다.

110. 있는 그대로

아무리 열심히 노력해도 욕망으로 하면 만족할 수 없다. 욕망은 어리석음과 함께 있기 때문에 끝이 없다. 욕망이 많은 사람은 죽음으로도 욕망을 끝내지 못한다. 왜냐하면 죽는 마음에 욕망이 있으면 다음 생으로 욕망이 상속되기 때문이다.

선한 의도를 가지고 욕망 없이 노력할 때만이 만족할 수 있다. 아무 것도 바라는 것이 없을 때에만 자신의 행위에 구속되지 않는다. 자신이 땀을 흘린 만큼 얻으려 하면 열심히 노력한 땀이 헛된 것이 되고 만다.

어떤 경우에도 바라는 만큼 만족할 수 없기 때문이다. 진정한 구도자는 땀을 흘린 것으로 이미 할 일을 했다. 결과는 내가 만들지 않고 조건이 만들므로 할 일을 하는 것으로 그쳐야 한다.

111. 조건

성냥불이 켜질 때 불이 어디서 온 것이 아니다. 성냥개비가 마찰 면에 부딪쳐서 불이 일어난다. 성냥개비가 마찰 면에 부딪치는 것이 조건이다. 불은 누가 준 것이 아니고 조건에 의해 일어난다.

무릇 모든 생명은 이러한 조건에 의해 태어난다. 이 조건이 원인과 결과다. 태어남에는 오직 원인과 결과만 있다. 성냥불이 꺼질 때 불이 어디로 간 것이 아니다. 단지 꺼질 조건에 의해 꺼졌다.

조건에 의해 태어난 생명은 사라질 조건이 되면 반드시 사라진다. 이 세상에 영원한 것이란 아무것도 없다. 다만 조건에 의해 일어나서 사라지는 연속적 과정만 있다. 여기에 자아는 없으며 어디서 오고 어디로 가는 것이 아니고 오직 조건만 있다.

112. 자신의 견해

옳은 것을 말할 때 단지 옳은 것이라서 말하라. 옳다고 해도 자신의 판단일 뿐 진실이라고 확신할 수 없다. 자신의 견해는 어디까지나 자신의 입장에서 내린 결론이다. 옳은 것이기 때문에 받아들여야 한다고 말하지 마라.

옳다고 판단한 것은 나의 견해고 상대에게는 다른 견해가 있을 수 있다. 상대의 견해를 존중할 때 자신의 견해가 존중받는다. 설령 자신의 견해가 출세간의 지혜고 상대의 견해가 세간의 통념이라고 해도 상대의 견해를 존중해야 한다.

세간의 정서로는 출세간의 진실을 알지 못한다. 상대가 몰라서 그러는 것까지 이해할 때 비로소 출세간의 견해다. 내가 옳다고 상대를 무시하면 자신이 독선에 빠져 옳지 못하다.

113. 정의

정의를 위해 행동한다고 말하지 마십시오. 무슨 일이나 그냥 필요한 일이라서 하십시오. 정의라는 이름으로 자신의 욕망을 충족시키는 행위를 할 수 있습니다. 자신의 욕망으로 하는 일은 결코 정의가 아닙니다.

자신의 독선을 정의로 포장하는 것은 자신을 속이는 일이며 세상을 속이는 일입니다. 정의라는 이름으로 남의 잘못을 단죄하지 마십시오. 진정한 정의는 남을 단죄하지 않고 잘못된 사람을 사랑으로 이해하고 용서하는 것입니다.

받은 만큼 되갚는 것은 정의가 아니고 증오입니다. 증오하는 마음으로 잘못을 단죄하면 내가 폭력을 행사하는 것입니다. 폭력은 또 다른 폭력을 낳아 자신이나 세상이 결코 평화로울 수 없습니다.

114. 확신에 찬 믿음

확신에 찬 믿음을 가지고 노력할 때 지혜가 생겨 해
탈의 자유를 얻는다. 맹목적 믿음을 가지고 노력할
때 어리석음에 빠져 눈이 먼다. 확신에 찬 믿음을
갖기 위해서는 먼저 자신의 몸과 마음을 있는 그대
로 알아차려야 한다.

이렇게 생긴 단계적 과정의 지혜로 단계적 과정의
믿음을 만들어야 한다. 지혜가 있는 믿음일 때 확신
에 찬 믿음을 갖는다. 지혜가 없는 믿음일 때 맹목
적 믿음을 갖는다. 지혜가 있는 확신에 찬 믿음을
가져야 오랫동안 지녀온 고정관념으로부터 벗어날
수 있다.

사람들은 자기가 아는 것을 바꾸려 하지 않는다. 이
것이 맹목적 믿음의 해로움이다. 오직 지혜가 수반
된 확신에 찬 믿을 가질 때만이 진실을 본다.

115. 마음의 실재

마음은 한순간에 하나밖에 없다. 이러한 마음은 단지 대상을 아는 기능을 한다. '나는 누구인가?'를 찾는 순간에는 나는 누구인가를 찾는 마음밖에 없다. 마음은 한순간에 하나밖에 없기 때문이다.

마음이 나는 누구인가를 찾는 순간에는 이것을 아는 마음밖에 없다. 마음은 대상을 아는 기능을 하기 때문이다. 만약 현재를 알고 있는 마음이 누구인가를 찾는다면 영원히 답을 얻을 수 없다.

있는 것은 순간의 마음밖에 없는데 누군가가 있다는 것을 전제로 찾을 때는 결코 발견할 수 없다. 순간의 마음 외에 순간의 마음을 지배하는 어떤 존재는 없기 때문이다. 마음은 순간적으로 일어났다가 사라지면서 조건에 의해 연속되는 것이 전부다.

116. 보이지 않는 이익

자신의 이익을 위해 남을 비난하거나 속여서는 안
된다. 이렇게 해서 얻는 이익은 오히려 손실을 가져
온다. 겉으로 드러난 것만 이익이 아니고 보이지 않
는 이익이 더 큰 이익이다. 남을 비난하거나 속인
업의 과보는 자신이 받는다.

세간에서 얻는 잘못된 이익은 괴로움의 원인이 되
어 자신을 병들게 한다. 바른 길도 알아차려서 집착
하지 않아야 하거늘 하물며 바르지 못한 길을 가는
것은 잘못이다.

출세간에서는 있는 그대로 알아차리기 때문에 옳고
그름이 없어 남을 비난하거나 속이지 않는다. 이익
을 얻음에 계율이 따르지 않으면 이익이라고 볼 수
없다. 도덕적 기준에 어긋나지 않는 행위만이 윤회
의 사슬을 끊는 지혜를 얻는다.

117. 마음이 하는 일

말은 입으로만 하지 않는다. 눈빛으로 말을 하고 몸
으로도 말을 한다. 이것이 모두 마음으로 하는 것이
다. 마음이 선하면 선한 말을 하고 선한 눈빛과 선
한 몸짓을 한다. 마음이 선하지 못하면 선하지 못한
말을 하고 선하지 못한 눈빛과 몸짓을 한다.

선한 마음을 갖기 위해서는 대상을 있는 그대로 알
아차려야 한다. 있는 그대로 알아차리지 못하면 탐
욕과 성냄과 어리석음으로 반응하여 선하지 못한
마음을 갖는다.

있는 그대로 알아차리려면 대상에 개입하지 않고
분리해서 알아차리는 위빠사나 수행을 해야 한다.
그러면 관용과 자애와 지혜가 생겨 선한 마음을 갖
는다. 선한 마음을 가져야 인간으로 태어난 사명을
다할 수 있다.

118. 쓸모

쓸모가 없는 것도 있는 그대로 알아차리면 쓸모 있는 것이 된다. 원래 쓸모가 없는 것이란 없다. 아무리 잘못된 것이라도 그것이 가지고 있는 진실을 알면 최상의 가치로 변한다. 부당한 일도 있는 그대로 알아차리면 어리석음과 감각적 욕망으로 인해 생긴 결과라는 것을 안다.

그러므로 부당한 일은 알아차릴 대상이지 화를 낼 일이 아니다. 괴로움도 있는 그대로 알아차리면 어리석음과 감각적 욕망으로 인해 생긴 결과라는 것을 안다.

그러므로 괴로움은 알아차릴 대상이지 고통을 겪을 일이 아니다. 허송세월을 살았어도 있는 그대로 알아차리면 단지 몰라서 그랬다는 사실을 안다. 모르는 것을 아는 지혜가 나면 허송세월이란 없다.

119. 말에는 향기가 없다

향기를 말한다고 해서 향기가 나는 것은 아니다. 말에는 향기가 없고 실재하는 냄새에 향기가 있다. 말은 단지 향기를 표현하기 위한 수단이지 향기가 아니다. 향기에 대한 말이 난무하면 실재하는 향기가 실종되어 냄새를 맡지 못한다.

진실은 겉으로 드러난 것에 있지 않고 실재하는 것에 있다. 때로는 말을 줄이고 대상이 가지고 있는 의미가 무엇인가를 조용히 지켜보아야 한다. 말에 말을 물면 말장난에 지나지 않는다.

말이 가지고 있는 의미를 새기면서 조용히 지켜보아야 무엇이 진실인지 알 수 있다. 모든 사람들이 저마다의 목소리를 내면 소리만 요란하고 진실이 실종된다. 공허한 말에는 항상 이기적인 마음이 있어 진실을 왜곡한다.

120. 값진 재산

선한 마음을 가진 자는 가장 많은 재산을 가진 사람이다. 선한 마음은 항상 자신이나 남에게 관대하며 누구도 미워하지 않고 사랑하는 슬기로운 마음을 낸다. 선한 마음으로 선한 행위를 하면 선한 과보를 받아 통찰지혜를 얻는다.

궁극의 깨달음을 얻게 하는 지혜보다 더 값진 재산은 없다. 선하지 못한 마음을 가진 자는 가장 가난한 사람이다. 선하지 못한 마음은 항상 이기적 욕망으로 가득 차 있으며 남을 사랑하기보다 미워하여 어리석은 마음을 낸다.

선하지 못한 마음으로 선하지 못한 행위를 하면 선하지 못한 과보를 받아 어리석음에 빠진다. 모든 괴로움의 원인이 되는 욕망과 어리석음을 가진 것보다 더 가혹한 형벌은 없다.

옹달샘

5

두 개의 바퀴

수행을 할 때 대상을 있는 그대로 알아차리면
어떤 일이나 하나의 현상으로 받아들이게 된다.
대상을 하나의 현상으로 받아들이면 고요함이 생긴다.
고요함이 생기면 대상을 이해하게 된다.

121. 최고보다 최선을

최고가 되려고 하면 번뇌를 여읜 출세간의 즐거움을 누리지 못한다. 최고가 되려는 욕망이 마음을 병들게 하여 고통이 끊이지 않는다. 최고가 되려는 마음은 이기적이어서 오직 자신의 이익만 추구한다. 이러한 마음은 자신을 병들게 하고 남에게는 고통을 준다.

최고가 되려는 마음은 세간의 욕망이라 모든 번뇌의 원인이다. 최선을 다하면 번뇌를 여읜 출세간의 즐거움을 누린다. 최선을 다하면 감각적 욕망으로 하지 않아 마음이 청정하다.

최선을 다하는 마음은 자신의 이익과 남의 이익을 함께 추구한다. 이러한 마음은 자신을 즐겁게 하고 남에게도 즐거움을 준다. 최선을 다하는 마음은 출세간의 노력으로 해탈의 자유를 얻게 한다.

122. 안과 밖

밖에서 답을 얻으려 하지마라. 자신의 몸과 마음을
알아차려서 생긴 고요함에서 답을 얻어라. 마음이
밖으로 나가면 자신의 견해로 보기 때문에 있는 그
대로 보지 못한다. 자신의 견해는 고정관념이라서
있는 그대로의 진실이 아니다.

자신의 몸과 마음을 알아차리면 내가 본다는 선입
관 없이 보아 대상의 진실을 알 수 있다. 마음이 밖
으로 나가면 좋거나 싫거나 무관심한 것으로 반응
해서 결론을 내린다. 이것은 감각적 욕망을 가지고
내린 결론이다.

감각적 욕망은 어리석음에 바탕을 두고 있기 때문
에 바른 견해를 갖지 못한다. 밖에 있는 대상과 접
촉할 때는 먼저 대상을 보는 마음을 알아차린 뒤에
가슴의 느낌을 알아차려야 한다.

123. 좋고 싫음

좋아하는 것이 있으면 싫어하는 것이 생긴다. 좋아하는 것이 없으면 싫어하는 것이 생기지 않는다. 좋아하면 언제나 더 많은 것을 바라는 욕망이 생겨 괴로움을 겪는다. 이러한 욕망이 손실을 가져오고 결국에는 비극적인 파국을 맞게 한다.

좋아하는 것이 충족되지 않으면 필연적으로 싫어하게 된다. 이처럼 좋아하거나 싫어하는 마음이 끝없는 윤회의 원인을 제공한다. 모든 괴로움과 윤회의 원인이 되는 좋아하고 싫어하는 것을 반복하는 것이 어리석음이다.

대상을 있는 그대로 알아차리면 좋아하거나 싫어하지 않고 평등한 마음으로 본다. 평등의 지혜가 날 때 대상의 성품을 아는 통찰지혜가 생겨 모든 속박에서 벗어나는 자유를 얻는다.

124. 괴로움

괴로움은 내가 일으킨 원인에 대한 결과다. 내가 일으킨 원인은 내가 받는다. 괴로움은 한순간의 느낌이다. 한순간의 느낌은 일어난 순간에 사라지지만 기억이 느낌을 붙잡고 지속시킨다. 자신이 겪고 있는 괴로움은 실체가 없고 생각에 불과하다.

괴로움을 있는 그대로 알아차리지 않으면 두려움으로 인해 더 커진다. 그러므로 괴로움은 스스로 일으키고 스스로 키워서 지속시킨다. 괴로움은 나의 괴로움이 아니다. 괴로움을 일으킨 자아는 없으며 괴로움을 겪는 자아도 없다.

순간의 마음이 괴로움을 일으키고 순간의 마음이 괴로움을 경험한다. 괴로움은 올만해서 왔으며 순간의 느낌이고 나의 괴로움이 아니며 단지 감각기관이 느낀다.

125. 조건의 성숙

얻고 싶다고 해서 모든 것을 다 얻을 수 없다. 버리고 싶다고 해서 모든 것을 다 버릴 수 없다. 얻거나 버리고 싶은 마음은 단지 자신의 생각일 뿐이므로 모든 것이 바라는 대로 되지 않는다.

얻고 싶어도 아무것도 얻지 못할 수 있고, 조금 얻을 수 있고, 바라는 만큼 얻을 수도 있다. 버리고 싶어도 아무 것도 버리지 못할 수 있고, 조금 버릴 수 있고, 바라는 만큼 버릴 수도 있다.

무슨 일이나 먼저 자신의 확고한 의지가 필요하다. 그리고 적절한 노력과 상호조건이 충족되어야 이루어진다. 자아가 있다면 원하는 대로 얻고 버릴 수 있겠지만 그런 자아가 없기 때문에 자신의 뜻대로 되지 않는다. 오직 조건의 성숙에 따른 결과만 있을 뿐이다.

126. 바른 길

법을 아는 자는 법을 모르는 자로 인해 겪는 괴로움을 감내해야 한다. 법을 알면 모든 것을 알아차릴 대상으로 삼아 옳고 그름이 끊어진다. 시비가 끊어진 자리에 관용이 생겨 덕과 도가 있다.

가지 말아야 할 길을 가서 괴로움을 겪는다면 괴로움을 대상으로 알아차려야 한다. 이미 생긴 괴로움은 있는 그대로 알아차리는 방법 외에 달리 해결할 길이 없다. 시작은 바른 길이라도 가다보면 언제든지 바르지 못한 길로 갈 위험이 있다.

아무리 좋은 뜻으로 시작했어도 어리석음과 이기적 욕망이 있는 한 계속해서 바른 길로 가기 어렵다. 어떤 일이나 오직 대상으로 알아차릴 때만이 삿된 길로 가는 위험에서 벗어나 바른 길로 갈 수 있다.

127. 두 가지 법

법은 바른 법과 바르지 못한 법이 있다. 누구나 두 가지 법 중 하나를 선택해서 자신의 것으로 만든다. 바른 법도 내가 받아들여서 바른 법이 된다. 바른 법이 있어도 내가 받아들이지 않으면 바른 법이 아니다.

바르지 못한 법도 내가 받아들여서 바르지 못한 법이 된다. 바르지 못한 법이 있어도 내가 받아들이지 않으면 바르지 못한 법이 아니다. 내가 받아들이는 것이 자신의 법이다.

내가 바른 법을 받아들이면 바른 법이 자신의 것이 된다. 내가 바르지 못한 법을 받아들이면 바르지 못한 법이 자신의 것이 된다. 어리석으면 바른 법이 있어도 바르지 못한 법을 선택한다. 지혜가 있으면 바르지 못한 법이 있어도 바른 법을 선택한다.

128. 행복의 조건

탐욕이 있으면 아무리 가져도 만족하지 못해 화를 낸다. 부족해서 못마땅하게 여겨 싫어하는 것도 화를 내는 것이다. 탐욕으로 인해 화를 내는 것이 어리석음이다. 탐욕이 없으면 사소한 것을 가져도 감사하게 여겨 화를 내지 않는다.

탐욕이 없으면 단지 필요한 것만을 바라기 때문에 작은 일에도 만족할 수 있다. 탐욕이 없어 화를 내지 않는 것이 지혜다. 어리석으면 노력도 하지 않고 얻기를 바란다. 얻은 것에 만족하지 못하고 더 많이 얻지 못했다고 화를 내는 것보다 더 큰 어리석음은 없다.

얻어도 만족하지 못하고 더 많이 얻지 못해 괴로워하는 것이 불행이다. 얻거나 얻지 못해도 살아있는 것을 감사하게 여기는 것이 행복이다.

129. 깊은 무지

탐욕은 내 마음을 불타게 하여 관대함을 빼앗아간
다. 성냄은 내 마음을 들끓게 하여 사랑을 빼앗아간
다. 어리석음은 내 마음을 어둡게 하여 혜안을 빼앗
아간다. 관대함과 사랑과 혜안을 빼앗긴 자리에는
고요함이 없고 두려움과 고통만 있다.

누가 탐욕을 일으키고 성냄을 일삼고 어리석음에
빠지게 하는가? 바로 자신이 탐욕을 부추기고 성냄
을 즐거워하며 어리석음을 집착한다. 번뇌를 일으
키는 근본원인은 몸과 마음이 나의 것이라는 소유
개념과 나라고 하는 자아다.

이러한 소유욕과 자아보다 더 깊은 무지는 없다. 몸
과 마음이 나의 소유가 아니고 자아가 아니고 무아
라는 지혜를 얻기 위해서는 몸과 마음을 알아차리
는 수행을 해야 한다.

130. 한 생각(一念)

알아차림이 없는 일상의 생각이 있고 알아차림이 있는 한 생각이 있다. 일상의 생각은 대상을 있는 그대로 알아차리지 못해 진실을 보지 못한다. 한 생각을 내면 대상을 있는 그대로 알아차려서 진실을 본다.

알아차림이 없는 일상의 생각은 범부의 생각이다. 알아차림이 있는 한 생각은 수행자의 생각이다. 일상의 생각은 집중이 되지 않아 고요하지 못해 어리석음에 빠진다. 한 생각은 집중이 되어서 고요해져 통찰지혜를 얻는다.

알아차림이 없는 일상의 생각은 바르지 못한 사유를 한다. 알아차림이 있는 한 생각은 바른 사유를 한다. 바르지 못한 사유는 바르지 못한 대상에 마음을 기울인다. 바른 사유는 바른 대상에 마음을 기울인다.

131. 진실한 이익

남을 속이고 모함하거나 비난해서 얻는 이익은 진실한 이익이 아니다. 이러한 이익은 반드시 나쁜 과보로 연결되어 상대에게 행한 만큼의 불이익을 받는다. 만약 가진 자가 비참하게 몰락했다면 이는 이미 예정된 것이다.

가진 자가 아름답게 마무리를 했다면 이것도 이미 예정된 것이다. 남에게 불이익을 주고 얻는 이익은 끝이 나쁘다. 남에게 불이익을 주지 않고 얻은 이익은 끝이 좋다. 무엇인가를 얻는 것이 중요하지 않고 어떻게 얻느냐가 중요하다.

겉으로 드러난 외형적인 결과보다 겉으로 드러나지 않은 내면의 평화가 가장 값지다. 세간에서는 겉으로 드러난 결과를 바라고 출세간에서는 내면의 고요함을 통해 얻는 지혜를 바란다.

132. 욕망

좋아해서 싫어한다. 좋아하지 않으면 싫어하지 않는다. 좋아하고 싫어하는 것이 모두 욕망이다. 욕망이 괴로움의 원인이다. 괴로울 일을 계속하는 것이 어리석음이다. 좋아하는 것을 알아차리면 더 좋은 것을 바라지 않는다.

좋아하는 것을 알아차리면 단지 좋은 것으로 그치고 좋지 않을 때 싫어하지 않는다. 좋은 것에 욕망과 성냄이 결합되면 좋은 것이 오히려 괴로움이 된다.

수행자라고 해서 좋아하지 말아야 하는 것은 아니다. 좋아할 때 좋은 것으로 인해 더 좋은 것을 바라서 집착하기 때문에 문제인 것이다. 좋은 것도 알아차릴 대상이고 싫어하는 것도 알아차릴 대상이다. 모든 것이 알아차릴 대상이 될 때 모든 번뇌가 소멸한다.

133. 쓰임

젊어서 먹는 음식은 성장하기 위해 쓰인다. 늙어서 먹는 음식은 쇠퇴하기 위해 쓰인다. 처음에는 살기 위해 먹지만 결국에는 죽기 위해 먹는다. 똑같은 음식이라도 과정에 따라 성장의 에너지가 되기도 하고 소멸의 에너지가 되기도 한다.

모든 생명은 일어나는 과정을 거쳐 사라지는 과정을 겪는다. 일어나서 사라지는 무상은 현상계의 질서이므로 누구나 변하는 것을 겸허하게 받아들여야 한다. 무상을 거부하면 스스로 괴로움을 만들어 어리석게 산다.

무상을 받아들이면 스스로 괴로움을 만들지 않아 지혜롭게 산다. 누가 살기 위해서 먹지 죽기 위해서 먹겠는가? 사는 것도 그냥 사는 것이 아니고 죽는 것도 그냥 죽는 것이 아니고 질서다.

134. 복(福)과 도(道)

복(福)은 운수가 좋은 것을 말한다. 운수는 하늘의 뜻으로 주어지는 선과 악의 결과다. 그러나 복은 누가 주지 않는다. 복은 자신이 지어서 자신이 받는다. 복은 누릴 만한 사람이 누리는 스스로 만든 결과다.

복은 누구에게 줄 수 있는 것이 아니다. 남이 주는 것은 복이 아니고 복을 짓는 방법이다. 어리석으면 복을 짓는 방법을 외면한다. 지혜가 있으면 복을 짓는 방법을 찾아 실천한다.

복은 일시적인 만족이라서 모든 것을 해결해 주지 않는다. 복에 취해 나태해지면 찾아온 복도 이내 사라진다. 복보다 더 우월한 것이 도(道)다. 도는 괴로움이 없이 살 수 있는 것을 아는 지혜다. 도는 복으로 얻지 못하고 오직 수행으로 얻는다.

135. 폭력

옳은 것을 얻기 위해 폭력을 사용하지 마라. 옳은 것을 얻으려면 대상을 있는 그대로 알아차려서 먼저 자신의 고요함을 얻어야 한다. 자신의 마음이 청정해지면 다른 사람의 마음도 청정해진다.

이런 상태에서만이 모두에게 옳은 것이 구현될 수 있다. 그렇지 않으면 옳다는 이유로 폭력으로 변질될 수 있다. 폭력은 또 다른 폭력을 낳아 결코 치유될 수 없는 상처만 남긴다.

정의라는 이름으로 행해지는 어떤 폭력도 정의가 아니다. 정의에 욕망이 붙으면 반드시 폭력으로 진행된다. 폭력은 남에 대한 폭력만 있는 것이 아니다. 자기 자신에 대한 학대와 비하를 부추기는 것도 폭력이다. 옳은 것도 알아차리지 못하면 옳은 것이 되지 못한다.

136. 마음의 청정

바른 마음가짐은 느낌과 인식과 의도와 의식이 바를 때 일어난다. 이처럼 오온(五蘊)의 수온(受蘊), 상온(想蘊), 행온(行蘊), 식온(識蘊)이 바를 때가 바른 정신 상태다.

감각기관이 감각대상과 접촉할 때 있는 그대로 알아차리지 않으면 잘못된 선입관으로 접촉하게 되어 마음가짐이 청정하지 못하다. 대상을 있는 그대로 알아차릴 때 느낌과 인식과 의도가 바르며 이때 이것을 받아들이는 의식이 청정하다.

마음의 상태는 항상 식(識)이라고 하는 마음과 수(受), 상(想), 행(行) 이라고 하는 마음의 작용이 결합하여 일어난다. 마음이 모든 것을 이끌지만 실재는 앞서서 일으킨 수(受), 상(想), 행(行)의 상태에 따라 식(識)이 받아들여서 안다.

137. 두 개의 바퀴

수행을 할 때 대상을 있는 그대로 알아차리면 어떤 일이나 하나의 현상으로 받아들이게 된다. 대상을 하나의 현상으로 받아들이면 고요함이 생긴다. 고요함이 생기면 대상을 이해하게 된다.

대상을 이해하면 차츰 대상의 성품을 아는 지혜가 난다. 모든 대상은 원인이 있어서 생긴 결과다. 대상은 항상 변하고 불만족스러운 것이며 자신의 의지대로 되지 않는다. 이러한 성품을 알 때 현상계의 순리에 귀의하게 된다.

순리에 귀의하면 자아가 사라져 욕망과 어리석음을 여읜 자유를 얻는다. 먼저 대상을 있는 그대로 알아차리고 대상을 이해해야 통찰지혜를 얻는다. 수행은 대상을 알아차리고 대상을 이해하는 두 개의 바퀴로 굴러가야 한다.

138. 한줌의 흙으로

내가 가진 모든 것들 자신과 가족과 친척과 친지도 결국에는 한줌의 흙으로 사라진다. 한때의 명성과 찬란했던 영광도 결국에는 허공으로 사라진다. 견디기 힘든 고통과 참기 어려운 슬픔도 결국에는 바람처럼 사라진다.

무엇을 나라고 할 수 있으며 나의 것이라고 할 수 있는가? 결국에는 사라지는 것들을 얻기 위해 그토록 몸부림을 쳤던가? 오늘도 모든 것이 일어났다가 사라지는 황량한 들판에서 고단한 발걸음으로 어둠을 헤맨다.

끝없는 미로에서 어디로 가는지도 모르고, 가다가 쓰러지면 또 일어나서 가야하는 이 길이 언제까지 계속될지도 모른다. 모르는 것만 있는 이 길에서 오직 한줄기 빛은 몸과 마음을 알아차리는 수행이다.

139. 5월의 숲

5월의 숲은 푸름이 짙다. 하늘은 맑고 따사로운 햇빛이 숲 위로 조용히 내려앉는다. 나뭇잎은 가벼운 바람에 흔들리고 새들은 저마다 노래한다. 꽃들은 자태를 뽐내고 잉잉거리는 벌들이 꽃들 사이를 날아다닌다. 감미로운 꽃향기가 물씬 코에 스민다.

나는 숨을 죽이고 평화로운 숲을 본다. 이 아름다움은 어디서 온 것인가? 창밖으로 내려다보이는 거대한 숲인가? 아니다. 숲을 보는 내 마음이다. 내 마음이 괴로울 때 숲은 아름답지 못했다.

내 마음이 평화로워 숲이 더욱 고요하고 아름답다. 아름다움은 숲에 있지 않고 숲을 보는 내 마음에 있다. 시름에 잠겨 있을 때의 숲은 그냥 나무였다. 오늘의 평화로운 마음이 아름다운 숲을 만든다.

140. 무탈

있는 복도 지키지 못하면서
무슨 복을 또 기대하는가?

지금 숨 쉬고 있는 복을
감사하게 여겨야 한다.

지금 세상을 볼 수 있는 복을
감사하게 여겨야 한다.

오늘 끼니를 해결한 복을
감사하게 여겨야 한다.

있는 복을 소중히 여기면
더 이상 바랄 것이 없어 아무 탈이 없다.

141. 모르는 사람

완전한 지혜가 나기 전까지는 누구나 모르고 산다. 선한 사람이나 선하지 못한 사람이나 배운 사람이나 배우지 못한 사람이나 수행을 하는 사람이나 하지 않는 사람이나 모르는 것은 마찬가지다. 다만 완전하게 모르는 것과 조금은 알면서 모르는 것의 차이가 있을 뿐이다.

모르는 사람은 자신이 모르는 것을 알지 못해 항상 어둠에서 산다. 조금은 알면서 모르는 사람은 자신이 모르는 것을 알아 밝음을 향해서 간다.

어둠에서 밝음으로 가려면 반드시 스승의 바른 가르침을 실천해야 한다. 모르는 사람은 바른 가르침을 실천하지 않아 계속 모르는 길로 간다. 조금 아는 사람이 바른 가르침을 실천하면 언젠가 완전하게 알아 자유를 얻는다.

142. 축적된 성향

자신의 마음이 행위를 하게하고 이 행위가 축적된
성향을 만든다. 이렇게 만들어진 축적된 성향이 다
시 같은 마음을 일으켜 같은 행위를 반복하게 한다.
이러한 순환이 연기의 회전이며 윤회다.

자신의 축적된 성향이 바로 자신이 가지고 있는 과
보심이다. 알아차림이 없는 인간은 축적된 성향의
지배를 받으며 산다. 오직 알아차릴 때만이 축적된
성향의 영향을 받지 않고 새로운 성향을 만들면서
산다.

인간의 축적된 성향은 일곱 가지인데 감각적 욕망
의 성향, 성냄의 성향, 교만의 성향, 견해의 성향,
의심의 성향, 존재의 성향, 무명의 성향이 있다. 어
리석으면 축적된 성향에 자신을 맡기고 살아서 올
바른 삶을 산다고 할 수 없다.

143. 꿈속에서 꾸는 꿈

무엇이 진실인지 몰라 꿈속에서 살면 계속 꿈을 꾸면서 산다. 자신의 몸과 마음을 있는 그대로 알아차리는 순간에만 꿈속에서 벗어나 꿈을 꾸지 않는다. 꿈속에서 살면서 꿈을 꿀 때는 내가 있다고 생각하고 나를 위해 산다.

꿈속에서 벗어나 꿈을 꾸지 않을 때는 내가 없다고 알고 단지 정신과 물질이 산다고 안다. 내가 있을 때는 꿈속에서 살아 있는 그대로의 진실을 보지 못한다. 내가 없다고 알 때 꿈속에서 벗어나 있는 그대로의 진실을 본다.

무아의 진실을 알지 못하면 자아를 강화하기 위해 온갖 어리석은 일을 한다. 무아를 알면 자아를 강화할 일이 없어 꿈을 깬 세상을 산다. 꿈속에서는 내가 있지만 꿈을 깨면 내가 없어 자유롭다.

144. 소중한 생명

하찮은 벌레도 소중한 생명이다. 모든 생명은 살기 위해서 태어났다. 하물며 잘못한 사람을 죽이라고 외친다면 그 마음에는 분노와 이기심만 있다. 이런 마음이 자신을 병들게 하고 사악한 세계로 빠지게 한다.

누구를 죽이라고 외치는 마음에는 자신을 죽이는 어리석음이 있다. 정의는 자신이나 남을 단죄하지 않고 관용으로 대하고 용서한다. 정의라는 이름으로 단죄하는 것은 분노로 자기만족을 추구하는 것이다.

지금까지 자신이 했던 일마다 단죄를 받았다면 이미 처참하게 죽었을 것이다. 남의 잘못에 연민의 마음을 보낼 때 자신의 평화는 물론 사회의 평화가 이루어진다. 오직 진실한 사랑만이 세상의 모든 악을 극복할 수 있다.

145. 계율

대상을 있는 그대로 알아차리면 계율을 지켜 청정한 마음이 된다. 마음이 청정하면 화가 미치지 않아 자신과 가정과 사회의 행복이 이루어진다. 계율을 지키지 못하면 삿된 마음으로 삿된 생활을 한다.

삿된 생활을 하면 화가 미쳐 자신과 가정과 사회의 행복이 이루어질 수 없다. 계율은 절제하는 것으로 불행으로부터 자신을 보호한다. 감각적 욕망과 이기심이 있으면 어리석은 마음이 되어 계율을 지키지 못한다.

'나' 이전에 계율이 있어야 하며, 종교 이전에 계율이 있어야 하며, 국가 이전에 계율이 있어야 한다. 그렇지 않으면 나도 없고 종교도 없고 국가도 없다. 계율은 도덕적인 덕목으로 사랑과 평화의 기초가 되는 근본이다.

146. 선업의 공덕

정법은 선업의 공덕이 있는 자에게만 보인다. 훌륭한 법이 있어도 모든 사람들이 다 알 수 없다. 선업의 공덕으로 지혜가 난 사람만 훌륭한 법을 보고 필요로 한다. 선업의 공덕이 부족하면 훌륭한 법을 가까이하다가도 포기한다.

공덕이 없을 때는 없는 공덕을 탓해서는 안 된다. 자신의 공덕이 부족하면 스승과 도우의 도움으로 부족한 부분을 채워야 한다. 하지만 가장 우선하는 선업은 자신의 의지다. 자신의 공덕이 부족하더라도 열심히 노력해서 수행하면 새로운 선업의 공덕이 생긴다.

이렇게 얻는 것이 가장 확실한 선업의 공덕이다. 훌륭한 법은 저절로 오지 않는다. 바른 마음가짐일 때만이 정법을 지니게 되어 해탈의 자유를 얻는다.

147. 사악한 사람이 스승이다

사악한 사람을 대상으로 알아차리면 사악한 사람이 스승이다. 사악한 사람을 통하여 바르게 살아가는 교훈을 얻기 때문이다. 사악한 사람을 대상으로 알아차리지 못하면 사악한 사람과 같아진다. 사악한 사람을 비난하고 화를 내는 순간 사악한 사람의 마음과 닮기 때문이다.

사악한 것을 법으로 알아차리면 평정심을 얻어 자신의 내면에 있는 선한 마음을 깨운다. 사악한 것을 법으로 알아차리지 못하면 분노를 일으켜 자신의 내면에 있는 선하지 못한 마음을 깨운다.

외부로부터 어떤 일이 부딪쳐 와도 있는 그대로 알아차리면 자기 내면의 고요함을 빼앗기지 않는다. 내면의 고요함을 빼앗는 자는 밖에 있지 않고 안에 있는 자기 마음이다.

148. 사물의 이치

욕망이 눈을 가리면 사물의 이치를 알지 못한다. 대
상을 있는 그대로 알아차리면 욕망이 사라져 사물
의 이치를 안다. 사물의 이치를 모르면 바르지 못한
것을 구해 괴로운 결과가 있다. 사물의 이치를 알면
바른 것을 구해 괴로운 결과가 없다.

사물의 이치는 자신의 몸과 마음을 알아차려서 청
정해질 때라야 안다. 존재하는 모든 것들은 변하고,
만족하지 못해 괴로우며, 자아가 없어서 해결하지
못한다.

사물의 바른 이치를 모르면 모든 것들이 변하지 않
고 항상 하다고 알고, 괴로움을 즐거움으로 알고,
무아를 자아가 있다고 안다. 어느 누구도 자신을 구
원하지 못한다. 오직 존재하는 것의 특성을 바르게
알 때 스스로를 구할 수 있다.

149. 의도와 욕망

목적을 성취하려는 욕망이 강하면 어떤 결과에 대해서도 만족하지 못한다. 욕망은 성냄과 어리석음과 함께 있기 때문에 스스로를 오염시켜 괴로움으로부터 벗어나지 못한다. 바른 의도와 열의를 가지고 하는 일은 청정함이 있어 언제나 결과가 좋다.

탐욕과 삿된 견해와 자만으로 하는 일은 추악함이 있어 언제나 결과가 나쁘다. 처음에 좋았다가 뒤에 나빠지는 것은 바른 의도와 열의를 가지고 했던 일이 욕망으로 바뀌었기 때문이다.

처음에는 나쁘다가 뒤에 좋아지는 것은 욕망을 가지고 시작한 일이 바른 의도와 열의로 바뀌었기 때문이다. 시작도 좋고, 중간도 좋고, 끝도 좋으려면 욕망으로 하지 않고 선한 의도와 열의로 해야 한다.

150. 죽는 자를 위한 산 자의 예절

죽음을 앞둔 사람을 위해 해야 할 일은 자신의 몸과 마음을 알아차려서 평온하게 하는 것이다. 죽는 자를 보고 슬퍼하면 그 마음이 죽는 자에게 전해져 슬픔을 느끼면서 죽는다. 죽을 때 슬픔을 느끼면 다음 생에 슬픈 생명으로 태어난다.

죽는 자를 떠나보내지 않겠다고 집착하면 그 마음이 죽는 자에게 전해져 괴롭게 죽는다. 생을 집착하는 마음으로 죽으면 다음 생에 불행하게 태어난다. 죽을 때의 마지막 마음이 다음 생을 결정한다.

죽을 때 집착하면 나쁜 과보를 받아 태어나고, 아무런 집착 없이 죽으면 윤회가 끝난다. 누구나 자기를 편안하게 해주는 사람을 좋아하듯이 죽는 사람도 자기를 편안하게 해주는 사람을 고맙게 여긴다.

151. 몰라서 하는 행위

어리석어서 하는 행동은 비난의 대상이 아니라 알아차릴 대상이다. 누구나 예외 없이 모르는 것에서 출발하여 아는 과정을 거친다. 몰라서 하는 행위를 비난하면 알 기회가 사라져 모르는 행위를 계속한다.

몰라서 하는 행위를 있는 그대로 알아차리면 차츰 알 기회가 생겨 모르는 행위를 계속하지 않는다. 몰라서 하는 행위를 비난하는 것이 몰라서 하는 행위다. 몰라서 하는 행위를 비난하지 않고 알아차리는 것이 아는 행위다.

누구나 이 세상에 무명을 가지고 태어났기 때문에 모르는 행위를 하기 마련이다. 다만 대상을 있는 그대로 알아차렸는가 알아차리지 못했는가에 따라 어리석음이 계속되거나 지혜를 얻어 자유로울 수 있다.

옹달샘

6

몸과 마음에 답이 있다

소리에 놀라지 않는 사자처럼 되려면 몸과 마음을 있는 그대로 알아차려서
두려움이 없어야 한다. 그물에 걸리지 않는 바람처럼 되려면 몸과 마음을
있는 그대로 알아차려서 욕망이 사라져야 한다.

152. 바람 없이

최선을 다하되 어떤 결과도 연연하지 말아야 한다. 최선을 다할 때 바라는 마음이 있으면 어떤 결과도 만족하지 못한다. 욕망은 한계가 없기 때문에 좋은 결과도 만족하지 못할 뿐만 아니라 잘못된 결과에 대해서는 더욱 저항한다.

욕망은 어리석음으로 인해 생기며 이 두 가지가 모든 불행의 원인이다. 아무것도 바라지 않고 최선을 다할 때라야 어떤 결과도 만족한다. 결과는 조건이 만드는 것이지 내가 만드는 것이 아니다.

바라지 않고 단지 필요한 일이라서 할 때 완전한 공덕을 쌓는다. 어떤 결과도 바라지 않아야 자신을 위해서 한 일도 남을 위해서 한 것처럼 포장하지 않는다. 남을 위해서 한 일도 진실은 자신을 위해서 한 일이다.

153. 완전한 행복

괴로움은 자신의 마음이 만들어서 자신이 갖는다.
자신의 마음이 어리석으면 삿된 견해를 가지고 잘
못된 행위를 하여 괴로운 결과를 받는다. 괴로움은
어디서 누가 주는 것이 아니다. 오직 자신의 마음이
만들고 자신이 그 결과를 받는다.

즐거움은 자신의 마음이 만들어서 자신이 갖는다.
자신의 마음이 지혜로우면 바른 견해를 가지고 바
른 행위를 하여 즐거운 결과를 받는다. 즐거움은 어
디서 누가 주는 것이 아니다. 오직 자신의 마음이
만들고 자신이 그 결과를 받는다.

괴로움과 즐거움은 항상 붙어 있다가 조건에 따라
바뀌어서 일어난다. 괴로움과 즐거움을 있는 그대
로 알아차릴 때에만 지혜가 생겨 완전한 행복에 이
른다.

154. 문지기

선한 사람은 함께 없어도 늘 함께 있는 사람으로 존경받는다. 선하지 못한 사람은 함께 있어도 늘 함께 없는 사람으로 무시당한다. 누구나 선한 마음과 선하지 못한 마음을 함께 가지고 있다.

대상을 있는 그대로 알아차리는 순간에는 감각적 욕망이 제어되어 선한 마음이 된다. 대상을 있는 그대로 알아차리지 못하는 순간에는 감각적 욕망이 지배하여 선하지 못한 마음이 된다.

선하고 선하지 못한 마음은 누가 주는 것이 아니다. 오직 자신의 감각기관을 제어하는 알아차림이 있느냐 없느냐에 따라 결정된다. 알아차림은 감각기관의 문을 지키는 문지기다. 오직 알아차림이란 문지기가 감각적 욕망을 제어할 때에만 선한 사람이 된다.

155. 깨진 종처럼

상대의 잘못을 비난하지 말고 자신이 잘못하지 않
도록 교훈으로 삼아야 한다. 상대가 모르기 때문에
잘못한 일을 자신이 안 것에 감사해야 한다. 내가
모르면 잘못한 상대와 다를 것이 없지만, 알면 잘못
한 상대와 다르므로 잘못을 안 것으로 그쳐야 한다.

상대의 잘못을 안 것과 잘못을 비난하는 것은 다르
다. 잘못을 안 것은 지혜가 난 것이고 비난은 어리
석은 행위다. 상대의 잘못이 있는 것처럼 자신에게
도 잘못이 있다. 상대의 잘못을 이해할 때 자신의
잘못도 개선될 수 있다.

상대의 잘못에 내가 종처럼 소리를 내면 불선행을
하여 번뇌가 일어난다. 상대가 나를 비난할 때 깨진
종처럼 반응하지 않으면 번뇌를 잠재우는 지혜가
난다.

156. 같은 길, 다른 방법

사람으로 태어난 이상 누구나 똑같은 길을 간다. 하지만 저마다 가는 방법이 달라 얻는 것이 다르다. 세상에 태어난 이상 죽음을 향해서 가는 길은 똑같다. 그러나 어리석은 사람과 지혜가 있는 사람은 길을 가는 방법이 다르다.

내가 있다는 자아를 가지면 욕망과 성냄이 있는 어리석은 길을 가 괴롭다. 내가 없다는 무아를 가지면 관용과 자애가 있는 지혜로운 길을 가 즐겁다. 어차피 죽음을 향해서 가는 길은 마찬가지나 어리석으면 죽어서 다시 태어나는 괴로운 과보를 받는다.

지혜가 있으면 죽어서 다시 태어나지 않는 괴롭지 않은 과보를 받는다. 어리석음에서 벗어나 지혜를 얻으려면 항상 몸과 마음을 있는 그대로 알아차려야 한다.

157. 이해와 평화

자신을 있는 그대로 알아차리면 자신을 이해한다.
자신을 이해하면 더불어 남도 이해한다. 서로를 이
해할 때 진정한 평화가 이루어진다. 자신을 이해하
지 못하면 남도 이해하지 못한다. 서로를 이해하지
못하면 결코 평화로울 수 없다.

자신을 이해하고 더불어 남도 이해하는 것이 가장
숭고한 행위다. 이것보다 더 청정한 행위는 없다.
이해하면 무엇이나 배척하지 않고 사랑으로 받아들
여 평화롭다.

이해하지 못하면 무엇이나 배척하여 사랑으로 받아
들이지 못해 평화가 없다. 잘된 일이나 잘못된 일이
나 똑 같이 수용할 때 거미줄에 걸리지 않는 바람과
같은 자유를 얻는다. 대상을 있는 그대로 수용하지
못하면 거미줄에 걸린 곤충과 같다.

158. 삶

자신의 삶은 오직 자신의 마음이 이끌어서 만든 결과다. 자신의 삶은 있는 그대로의 진실이다. 그러므로 자신의 삶은 특별한 자랑거리가 아니며 그렇다고 특별하게 자책할 거리도 아니다.

있는 그대로의 삶을 알아차리면 진실을 발견하여 지금보다 더 향상된 삶을 살 수 있다. 인간으로 태어난 사명은 자신의 삶을 향상시키는 데 있다. 오직 인간만이 새로운 업을 만들 수 있기 때문이다.

이러한 사명을 완수하기 위해서는 먼저 자신의 몸과 마음을 있는 그대로 알아차려야 한다. 자신의 삶이 알아차릴 대상이 될 때 객관적 진실을 발견할 수 있다. 이러한 바탕 위에서 차츰 단계적 과정의 지혜가 나면 더 큰 진실을 향해서 나아 갈 수 있다.

159. 좋은 일과 나쁜 일

좋은 일이 일어났을 때 있는 그대로 알아차려야 교만해지지 않는다. 좋은 일이 일어나면 항상 더 좋은 일이 생기기를 바라는 욕망이 일어나 괴로움의 원인이 된다. 나쁜 일이 일어났을 때 있는 그대로 알아차려야 화를 내지 않는다.

나쁜 일에 화를 내면 더 나쁜 결과가 생겨 상황을 파국으로 몰고 간다. 좋은 일이나 나쁜 일이나 똑같이 집착하는 것이 어리석음이다. 어리석음에 빠지지 않아야 지혜를 얻는다.

지혜가 있으면 좋아하고 싫어하는 것으로부터 벗어나 괴로움이 소멸한다. 어리석으면 탐욕과 성냄으로 살아 괴로움의 노예가 되어 끝없는 윤회를 한다. 지혜가 있으면 관용과 자애로 살아 끝없는 방황에서 벗어나 윤회가 끝난다.

160. 개선

바르지 못한 일을 개선하기 위해서는 결연한 의도
와 분명한 실천이 따라야 한다. 바른 결과는 우연히
오지 않는다. 노력과 알아차림과 집중의 결과로 생
긴 지혜만이 잘못을 끊게 한다. 잘못된 것을 아는
수준은 지적사유라서 바르게 개선되기 어렵다.

오직 바른 것을 위해 실천하는 지혜가 있어야 잘못
이 개선될 수 있다. 감성에 치우치면 지혜가 나기
어렵고 이성적인 마음가짐에서 지혜가 난다. 통찰
지혜는 아는 것으로 그치지 않고 알아서 끊는 것으
로 완성된다.

한 번의 지혜로 끊었다고 해서 완전히 성공한 것은
아니다. 지속적인 알아차림을 통해 지속적인 지혜
가 유지되어야 한다. 지혜도 항상 변하는 한순간의
마음이기 때문이다.

161. 스스로 힘을 키운다

탐욕이 많은 사람은 남의 탐욕을 더 못마땅하게 여긴다. 성냄이 많은 사람은 남의 성냄을 더 못마땅하게 여긴다. 어리석음이 많은 사람은 남의 어리석음을 더 못마땅하게 여긴다. 탐욕은 탐욕을 영양으로 삼아 더 커진다.

성냄은 성냄을 영양으로 삼아 더 커진다. 어리석음은 어리석음을 영양으로 삼아 더 커진다. 관용이 있는 사람은 남의 탐욕을 기꺼이 받아들인다. 자애가 있는 사람은 남의 성냄을 기꺼이 받아들인다.

지혜가 있는 사람은 남의 어리석음을 기꺼이 받아들인다. 관용은 관용을 영양으로 삼아 더 커진다. 자애는 자애를 영양으로 삼아 더 커진다. 지혜는 지혜를 영양으로 삼아 더 커진다. 모든 것들은 스스로 힘을 키운다.

162. 모르는 마음

내가 당신을 보고 있을 때 당신은 내 마음을 모른다. 내가 당신을 보고 있을 때 나는 당신의 마음을 모른다. 내가 당신을 보고 있을 때 나는 내 마음을 모른다. 내가 당신을 보고 있을 때 당신은 내가 내 마음을 모르는지 모른다.

내가 당신을 보고 있을 때 나는 당신이 자신의 마음을 모르는지 모른다. 어리석음으로 사는 세상에서는 내 마음도 모르고 남의 마음도 모른다. 남도 내 마음을 모르고 자신의 마음도 모른다.

모르는 마음으로 끝없는 어둠을 헤매서 우리의 몸과 마음은 온갖 상처로 얼룩져있다. 자신과 남의 마음을 모르기는 마찬가지이므로 어떤 것도 속단하지 말고 그냥 있는 그대로 알아차려야 어둠에서 밝음으로 나온다.

163. 습관의 개선

습관은 오랫동안 행위를 한 결과로 만들어진 과보다. 잘못된 습관은 잠재적 성향이라 바꾸기 어렵다. 바꾸기 어려운 습관을 바꾸려하지 말고 잘못된 습관이 나타날 때마다 있는 그대로 알아차려야 한다.

바꿀 수 없는 것을 바꾸려고 하면 잠재적 성향이 더 깊어진다. 하지만 계속해서 알아차리면 지혜가 나서 조금씩 변화가 생긴다. 알아차려서 생긴 정법의 지혜만이 잠재적 성향을 개선시킨다. 있는 그대로 알아차려야 새로운 습관이 만들어진다.

알아차림을 지속하려면 도덕적인 절제와 지속적인 인내가 필요하다. 절제와 인내가 따르지 않으면 생각에 그쳐 잘못된 습관이 고쳐지지 않는다. 절제는 계율을 지키는 행위며 인내는 꾸준한 노력이다.

164. 삶

살고 싶다고 해서 자기 마음대로 살 수 있는 것이
아니다. 죽고 싶다고 해서 자기 마음대로 죽을 수
있는 것이 아니다. 살거나 죽는 것은 모두 원인과
결과에 의해 일어나고 사라지는 현상이지 자기 마
음대로 되는 것이 아니다.

마음은 있지만 자기 마음대로 되지 않아서 무아다.
어차피 살아야 한다면 사는 동안 괴롭지 않게 살아
야 한다. 괴로움은 어리석음으로 인해 생긴 욕망 때
문에 일어난다. 그러니 부질없는 욕망을 일으켜 한
정된 삶을 어지럽히지 말아야 한다.

어차피 죽어야 한다면 죽는 것을 두려워하지 말아
야 한다. 죽는 것을 두려워하면 사는 것이 괴롭다.
죽지 않으려고 하는 것도 어리석음으로 인한 욕망
때문에 일어난다.

165. 행복과 불행

내가 현명하면 칭찬받을 행동을 하여 칭찬을 받는
다. 칭찬은 자신이나 남에게 이로운 결과를 준다.
내가 어리석으면 비난받을 행동을 하여 비난을 받
는다. 비난은 자신이나 남에게 해로운 결과를 준다.

내가 현명하면 현명한 사람을 사귄다. 현명한 사람
을 사귀면 내가 더욱 현명해 진다. 내가 어리석으면
어리석은 사람을 사귄다. 어리석은 사람을 사귀면
내가 더욱 어리석어진다.

행복과 불행은 어디서 오는 것이 아니다. 행복과
불행은 과거의 행위가 현재의 결과로 온다. 행복과
불행은 누가 주는 것이 아니다. 행복과 불행은 자
신이 만들어서 자신이 받는다. 행복은 나의 현명함
으로부터 나오고, 불행은 나의 어리석음으로부터
나온다.

166. 질서

절제는 괴로움이지만 그 결과는 즐거움이다. 감각
적 욕망은 즐거움이지만 그 결과는 괴로움이다. 괴
로움이 즐거움이 되고 즐거움이 괴로움이 되는 것
이 순환의 질서다. 지혜가 있으면 괴로움이 즐거움
으로 바뀌고 즐거움이 계속 즐거움으로 남는다.

어리석으면 즐거움이 괴로움으로 바뀌고 괴로움은
계속 괴로움으로 남는다. 절제는 계율을 지키는 행
위로 자신을 번뇌로부터 막아서 보호한다. 감각적
욕망은 계율을 지키는 행위가 아니라서 자신을 번
뇌로부터 막아서 보호하지 못한다.

절제를 하면 미세한 번뇌, 중간 번뇌, 거친 번뇌를
모두 소멸시켜 도과에 이른다. 감각적 욕망은 미세
한 번뇌, 중간 번뇌, 거친 번뇌를 더욱 키워 윤회를
한다.

167. 몸과 마음에 답이 있다

소리에 놀라지 않는 사자처럼 되려면 몸과 마음을 있는 그대로 알아차려서 두려움이 없어야 한다. 그물에 걸리지 않는 바람처럼 되려면 몸과 마음을 있는 그대로 알아차려서 욕망이 사라져야 한다.

진흙에 물들지 않는 연꽃처럼 되려면 몸과 마음을 있는 그대로 알아차려서 청정해야 한다. 무소의 뿔처럼 혼자서 가려면 몸과 마음을 있는 그대로 알아차려서 법으로 삼아야 한다. 몸과 마음을 가지고 살면서 생긴 문제는 몸과 마음을 있는 그대로 알아차리는 것으로만 치유할 수 있다.

몸과 마음을 있는 그대로 알아차리려면 탐욕으로 알아차리지 않고, 성냄으로 알아차리지 않고, 어리석음으로 알아차리지 않고 오직 대상으로 알아차려야 한다.

168. 바다 속

성난 바람에 바다가 뒤집혀도 바다 속은 언제나 고
요하다. 세상의 일이 혼란해도 내 마음은 고요하게
평정을 이루어야 한다. 때로는 분노에 휩싸여도 분
노를 삭이고 바다 속처럼 평온해질 수 있는 힘을 키
워야 한다.

그러려면 모든 것을 정당하고 공평하게 판단해야
한다. 모든 대상을 올바르게 판단하면 치우침이 없
어 균형을 유지할 수 있다. 집착하거나 혐오하지 않
고, 좋아하거나 싫어하지 않고 대할 때에만 올바르
게 판단할 수 있다.

이런 견해를 가지려면 먼저 선입관을 갖지 않고 있
는 그대로 알아차려야 한다. 그런 뒤에 원인과 결과
에 의해 일어난 일이라고 이해해야 한다. 그러면 부
당한 일에 대해서도 연민의 마음이 일어난다.

169. 사소한 일부터

사소한 괴로움이나 큰 괴로움이나 괴롭기는 마찬가지다. 손가락이 아픈 것이나 큰 병에 걸려서 아픈 것이나 아픈 것은 마찬가지다. 일상의 사소한 일이라고 해서 가볍게 여겨서는 안 된다. 자신이 감당하기 어려운 큰일은 의외로 쉽게 포기하여 괴로움에서 벗어날 수 있다.

하지만 사소한 일은 가볍게 생각하여 쉽게 포기하지 못해 더 큰 괴로움이 될 수 있다. 그러므로 괴로움의 가볍고 무거움을 따지지 말고 먼저 괴롭지 않도록 해야 한다.

괴로움은 사소한 괴로움과 큰 괴로움이 따로 있지 않으므로 모든 대상에 세심한 주의를 기울여서 사소한 일부터 알아차려야 한다. 알아차림에 따라 작은 일이 큰 일이 되고 큰일이 작은 일이 된다.

170. 순간의 마음

나쁜 사람이 있는 것이 아니고, 선한 사람이 있는 것이 아니다. 나쁜 일을 한 순간의 마음과 선한 일을 한 순간의 마음만 있다. 순간의 마음은 일어난 즉시 사라지고 없지만 마음에 담긴 과보가 다음 마음을 일으킨다.

이러한 마음에는 자아가 없고 오직 조건에 따라 끊임없는 상속되는 마음만 있다. 순간의 마음을 알아차리면 청정해져 새롭게 선한 마음이 된다. 마음을 알아차리면 나쁜 마음은 사라지고 선한 마음이 일어난다.

순간의 마음을 알아차려서 마음이 정화되어야 선하게 살 수 있다. 순간의 마음을 알아차리지 못하면 과거의 잘못된 과보로 살아 선하게 살 수 없다. 선한 마음과 선하지 못한 마음은 오직 알아차림으로 결정된다.

171. 산과 바닷물처럼

산은 원래 거기에 있지 않았다. 그렇다고 어디서 옮겨 온 것도 아니다. 산은 어느 때 생길만한 조건에 의해 생겼다. 산은 거기에 영원히 머물지 않는다. 그렇다고 산이 어디로 옮겨가는 것도 아니다. 산은 언젠가 사라질 조건이 성숙되면 사라진다.

바닷물은 원래 거기에 있지 않았다. 그렇다고 어디서 옮겨온 것도 아니다. 바닷물은 어느 때 생길만한 조건에 의해 생겼다. 바닷물은 거기에 영원히 머물지 않는다. 그렇다고 바닷물이 어디로 옮겨 가는 것도 아니다. 바닷물은 언젠가 사라질 조건이 성숙되면 사라진다.

자신의 몸과 마음도 산과 바닷물처럼 원래 여기에 있지 않았다. 모든 것들은 조건에 의해 일어나고 사라지는 현상만 있다.

172. 자애(慈愛)

자애는 모든 생명들이 행복하기를 바라는 따뜻한 사랑이다. 모든 생명이 행복하기를 바랄 때 자신도 행복해 진다. 자애가 충만하면 자신도 두렵지 않고 남에게도 두려움을 주지 않는다.

자애는 은혜에 감사하는 마음을 갖거나, 선한 의도를 갖거나, 순수한 우정을 가질 때 생긴다. 이성간의 사랑은 욕망이 있어 두려움과 슬픔을 주지만 자애는 욕망이 없어 두려움과 슬픔을 주지 않는다. 자애를 가지면 자신이나 남을 비하하지 않고 모두를 사랑으로 포용한다.

자애는 사람의 신분이나 종교, 인종, 성별을 구별하지 않는다. 자애가 있으면 이기적인 마음이 사라져 사람 사이의 벽이 허물어진다. 이러한 평화를 바탕으로 깨달음의 지혜가 열린다.

173. 고귀한 행복

남을 도와주면
자신의 이기심이 사라지고
이타심이 생기는
두 가지 기쁨이 있다.

아무것도 바라지 않고 도와주면
자신의 내면에 있는 욕망이 사라진다.

남을 도와주는 두 가지 기쁨과
욕망이 사라진 청정함이 있으면
고귀한 행복을 얻는다.

174. 조화

이성적으로 판단해서 행동하되 다른 한편으로는 감성으로 끌어안아야 한다. 이성만 있고 감성이 없으면 삭막하여 사랑이 없는 삶이 된다. 감성만 있고 이성이 없으면 바르게 판단하지 못하고 오류를 범해 괴로움이 따른다.

머리로는 차갑게 판단하되 가슴으로는 따뜻하게 품어야 한다. 도의 길을 간다고 해서 이성만 있는 것이 아니다. 이성과 더불어 감성이 함께 할 때 바른 도의 길을 간다. 이성적인 판단으로 계율을 지켜 자신과 남을 함께 보호해야 한다.

감성적인 연민의 마음으로 모든 존재들이 행복하고 번영하기를 바라야 한다. 이성과 감성이 조화를 이룰 때 이기심이 사라지고 이타심이 생겨 완전한 팔정도를 실천할 수 있다.

175. 현재

과거는 이미 지나갔으며 미래는 아직 오지 않았다.
실재하는 진실은 오직 현재에만 있다. 현재에 머물
때에만 과거를 후회하지 않고 미래를 걱정하지 않
는다. 지나간 것은 돌이킬 수 없으며 아직 오지 않
은 것은 상상이다.

오직 현재에 머물 때에만 후회와 두려움에서 벗어
나 평안할 수 있다. 현재에 머물기 위해서는 자신의
몸과 마음을 알아차려야 한다. 지금 여기에 있는 몸
과 마음만이 현재로 오도록 하는 유일한 수단이다.

몸과 마음을 있는 그대로 알아차리면 마음이 청정
해진다. 마음이 정화되어야 인간의 품성을 향상시
켜 번뇌가 끊어진 행복을 얻을 수 있다. 인간이 살
아가는데 이것보다 더 숭고한 길을 제시하는 다른
삶은 없다.

176. 바른 견해

몸은 볼 수 있지만 마음은 볼 수 없다. 볼 수 없다고
마음이 없는 것이 아니다. 몸을 통하여 보이지 않
는 마음을 알 수 있다. 몸이 있는 것을 아는 것이 마
음이기 때문이다. 마음은 볼 수 없기 때문에 마음에
대한 잘못된 견해를 갖기 쉽다.

이런 잘못된 견해를 제거하기 위해서 먼저 몸을 알
아차려서 지혜를 얻어야 한다. 몸이 가지고 있는 성
품은 무상하고 괴로움이며 무아다. 몸에 대한 지혜
가 생겼을 때 마음도 무상하고 괴로움이며 무아라
는 것을 안다.

몸과 마음의 성품을 모르면 누군가에 의해 창조되
었다거나 나의 몸과 마음으로 잘못 안다. 또 전생과
내생이 있어 환생을 한다고 잘못 안다. 통찰지혜로
보면 오직 원인과 결과만 있다.

177. 가르침의 실천

볼 수 있는 것만 진실이 아니다. 볼 수 있는 것에서 보이지 않는 것의 진실을 알아야 한다. 나뭇잎이 흔들리는 것을 보고 바람이 부는 것을 알 수 있듯이 항상 대상의 내면에 있는 진실을 볼 수 있어야 법을 본다.

가르침을 듣는다고 해서 가르침에 담긴 진실을 다 알 수 없다. 가르침을 실천해서 지혜가 나야 가르침의 참 뜻을 안다. 가르침이 생각에 머물면 관념에 불과하다. 생각을 실천에 옮겨 지혜가 나야 실재를 안다.

생각으로 아는 것은 완전하게 아는 것이 아니다. 지혜로 알아야 완전하게 안다. 생각으로 알면 감각적 욕망을 끊지 못해 번뇌로부터 자유롭지 못하다. 지혜로 알아야 감각적 욕망을 끊어 모든 번뇌로부터 자유롭다.

178. 바른 수행은 파괴하지 않는다

지혜수행은 잘못된 것을 파괴하지 않는다. 어떤 대상이나 있는 그대로 알아차려 선한 마음이 일어나도록 해야 한다. 선한 마음이 일어나면 선하지 못한 마음이 스스로 소멸된다. 잘못된 것을 있는 그대로 알아차릴 때에만 잘못이 개선된다.

잘못된 것이라고 해서 파괴하면 오히려 반발력이 생겨 상황이 더 악화된다. 파괴하는 마음은 탐욕과 성냄과 어리석음이기 때문이다. 파괴해서 소멸시키다보면 잘못이 생길 때마다 더 강하게 파괴해야 한다.

이러한 방법은 더 큰 병을 얻게 한다. 대상을 없애려고 하는 마음이 있으면 악순환이 계속되어 윤회의 사슬에서 벗어나지 못한다. 대상을 알아차려서 단지 작용만 하는 마음일 때 해탈에 이른다.

179. 할 일

바른 길을 가려면 끊어야할 것과 품어야할 것을 구별해서 실천해야 한다. 어리석으면 끊어야할 것은 끊지 않고 집착하며, 품어야할 것은 품지 않고 배척한다. 지혜가 있으면 끊어야할 것은 끊어 집착하지 않고, 품어야할 것은 품어 배척하지 않는다.

대상을 있는 그대로 알아차리지 못하면 선하지 못한 마음이 일어나고, 이미 일어난 선하지 못한 마음이 커져 할일을 하지 못한다. 이러한 결과로 괴로움이 넘쳐 슬픔과 비탄에 빠진다.

대상을 있는 그대로 알아차리면 선한 마음이 일어나고, 이미 일어난 선한 마음이 커져 할일을 한다. 이러한 결과로 괴로움을 여의고 청정해진다. 오직 자신의 알아차림 하나가 행복과 불행을 가져 온다.

180. 만남과 헤어짐

버림을 받았다고 슬퍼하지 마라. 내가 버림을 받은 것이 아니다. 서로의 인연이 다하여 헤어졌다. 내가 과거에 남을 버렸듯이 남도 언제든지 나를 버릴 수 있다. 누가 누구를 버린 것이 아니다.

만남과 헤어짐은 자아가 있어서 지배하지 않고 원인과 결과로 이루어진다. 인연이 있어서 만나고 인연이 다하면 헤어져야 한다. 만남과 헤어짐에는 무상과 괴로움과 무아의 법이 있다.

만남과 헤어짐은 자신의 뜻대로 되지 않는다. 마음은 매순간 조건에 의해 일어나고 사라지므로 자기 마음대로 되지 않는다. 만나고 싶어도 만나지 못하며 만나고 싶지 않아도 만나야 한다. 헤어지고 싶어도 헤어지지 못하며 헤어지고 싶지 않아도 헤어져야 한다.

181. 바람이 불 때

아침이 와도 아침을 맞이할 준비를 하지 못한 사람에게는 아직 아침이 오지 않았다. 저녁이 와도 저녁을 맞이할 준비를 하지 못한 사람에게는 아직 저녁이 오지 않았다. 아침이 되어도 아침에 해야 할 일을 하지 못하면 바르게 살 수 없다.

저녁이 되어도 저녁에 해야 할 일을 하지 못하면 바르게 살 수 없다. 이미 지나간 과거에 매달리면 새롭게 온 것을 맞이하지 못한다. 새롭게 온 것을 맞이하지 못하는 사람에게는 현재가 없다. 현재가 없으면 바람직한 미래도 없다.

이미 지나간 것은 가도록 버려두어야 한다. 바람이 불 때 바람이 간 곳을 쫓아갈 필요가 없다. 바람이 불면 그냥 바람을 맞이하는 현재의 몸과 마음을 알아차려야 한다.

옹달샘

7

바른 법의 실천

바른 가르침도 욕망으로 집착하면 가르침의 참뜻이 훼손된다. 하물며 바르지 못한 가르침은 더 말할 나위가 없다. 모든 것을 있는 그대로 알아차릴 때에만 바른 가르침이 된다. 바른 법을 얻으려고 욕망으로 집착하면 결코 바른 법이 구현되기 어렵다.

182. 진정한 행복

남의 행복을 지켜주어야
나의 행복을 얻는다.

이기적 욕망을 가지고
나의 행복만 얻으려 하면
남의 행복을 파괴하고
나의 행복도 얻을 수 없다.

남의 불행을 통해서
나의 행복을 얻었다면
독이 든 술잔과 같아 행복이 아니다.

진정한 행복은
남과 내가 모두 만족할 때 얻는다.

183. 근본원인

인간의 생명은 무엇인가에 의존해서 일어난다. 이때 무엇인가가 원인이고 일어나는 것이 결과다. 생명은 저절로 일어나지 않고 반드시 원인이 있어서 결과가 생긴다. 태어남이란 원인이 있어서 죽음이란 결과가 있다.

태어남이 없으면 죽음이 없다. 어리석음이란 원인이 있어서 괴로움이란 결과가 있다. 어리석음이 없으면 괴로움이 없다. 원인은 통찰지혜로 알아야 한다. 생각으로 아는 원인은 바르게 아는 것이 아니라서 의심에서 해방되기 어렵다.

원인과 결과는 오직 인간의 고통을 해결하기 위해서 필요한 진리다. 무엇이 원인인지 알아서 그 원인이 제거될 때에만 근본적 해결책이 된다. 모든 것의 근본원인은 어리석음과 탐욕이다.

184. 어둠과 밝음

어리석음은 바른 것을 덮어버린다. 지혜는 바른 것을 드러나게 한다. 바른 것을 덮어버리면 미혹에 빠져 바르지 못한 것이 지배한다. 바른 것이 드러나면 현명해져 바르지 못한 것이 자리 잡지 못한다.

바르지 못한 것은 덮어버리고 바른 것이 드러나면 괴로움이 즐거움으로 바뀐다. 바른 것은 덮어버리고 바르지 못한 것이 드러나면 즐거움이 괴로움으로 바뀐다. 어리석음은 모르는 마음이고 지혜는 아는 마음이다.

모르는 마음을 아는 마음으로 바꾸려면 자신의 몸과 마음을 통찰해야 한다. 몸과 마음을 있는 그대로 알아차릴 때에만 존재의 속성을 알아 어둠에서 밝음으로 나온다. 어리석음은 저절로 오지만 지혜는 저절로 오지 않는다.

185. 마음의 정화

남이 화를 낸다고 나까지 화를 낼 필요가 없다. 남이 욕심을 부린다고 나까지 욕심을 부릴 필요가 없다. 남이 어리석은 행위를 할 때 나까지 따라서 어리석은 행위를 해서는 안 된다.

남이 하는 행위와 자신의 판단은 분리되어야 한다. 남의 잘못은 그의 영역에 관한 일이며 나의 판단은 나의 영역에 관한 일이다. 남의 영역과 나의 영역이 분리되지 않으면 온갖 번뇌를 끌어안아 괴롭게 산다.

남의 일은 그냥 남의 일로 두어야 한다. 남의 일에 영향을 받지 않고 내 마음을 알아차려서 청정하게 할 때 자신의 마음이 정화되고 남에 대한 연민이 생긴다. 먼저 남을 보는 내 마음을 정화하는 것이 나와 남을 청정하게 하는 유일한 길이다.

186. 중도의 견해

무슨 일이나 옳은 일이 있고, 그른 일이 있고, 옳지도 그르지도 않은 일이 있다. 그러므로 매사를 옳고 그름으로만 판단해서는 안 된다. 대상을 있는 그대로 알아차리면 옳지도 그르지도 않은 중도의 견해를 가질 수 있다.

중도의 견해를 가질 때 선과 악을 뛰어넘는 있는 그대로의 진실을 알 수 있다. 선과 악을 구별하는 것은 계율을 지키는 도덕적 덕목이다. 최고의 지혜는 대상의 성품을 파악하는 것이다.

누구나 잠재적으로 선한 마음과 선하지 못한 마음을 가지고 있으므로 선한 마음을 계발한다고 해서 악한 마음을 제거하기 어렵다. 존재의 성품인 무상, 고, 무아를 알아야 선과 악의 상대적 관계에서 벗어난 완전한 선에 이른다.

187. 마음

마음은 있지만 내 마음대로 되지 않아 나의 마음이 아니고 무아(無我)다. 마음은 매순간 조건에 의해 일어나고 사라지므로 나의 것이 아니며, 내가 아니고, 나의 자아가 아니다.

마음은 현재의 마음만 있는 것이 아니고 과거에 행위를 한 원인으로 인해서 생긴 결과의 마음도 함께 있다. 이것을 인과응보(因果應報)의 마음이라고 하는데 이를 줄여서 과보심(果報心)이라고 한다.

과보심은 선한 행위를 해서 생긴 선과보심(善果報心)과 불선행위를 해서 생긴 불선과보심(不善果報心)이 있다. 과거에 행한 선과보심이 많으면 현재 선심이 일어나게 되어 선행을 한다. 과거에 행한 불선과보심이 많으면 현재 불선심이 일어나게 되어 불선행을 한다.

188. 두 가지 극단

바른 도를 구하기 위해서는 감각적 욕망을 집착해
서는 안 된다. 도를 구한다는 명분으로 어떤 형태의
고행을 집착해서도 안 된다. 감각적 욕망은 정신적
발전을 퇴보시키며, 극단적 고행은 지성을 나약하
게 하는 두 가지 극단이다.

감각적 욕망을 집착하는 것은 천박하고 저속하며
세속적이고 어리석은 일이라서 마음을 정화하는데
이익이 되지 않는다. 자기 억제를 집착하는 고행은
천박하고 저속하며 세속적이고 어리석은 일은 아
니지만 지혜로운 일이 아니라서 마음을 정화하는데
이익이 되지 않는다.

두 가지 극단을 벗어난 것이 팔정도며 중도다. 오직
중도로써만이 정신적 통찰력으로 지성적인 지혜를
얻어 사물을 있는 그대로 볼 수 있다.

189. 바른 법

바른 법이 되려면 자신이 가르친 것을 실천하고, 실천한 것을 가르쳐야 한다. 실천이 따르지 않는 법은 진실이 아니다. 진실이 아닌 법은 공허하여 허공의 뜬구름과 같아 따를만한 것이 되지 못한다.

바른 법은 신비롭지 않으며 비밀이 없다. 법이 신비롭다면 보편적 진리가 아니다. 법에 비밀이 있다면 궁극의 진리가 아니다. 궁극의 법은 모든 사람에게 동일하게 적용되는 보편적 특성을 가지고 있다.

바른 법은 가르침의 대상에 예외를 두지 않는다. 선한 사람이나 악한 사람이나 모두 법 앞에서는 동등하다. 다만 바른 법은 원하는 자의 것이다. 바른 법이 있어도 원하는 자에게만 소중한 법이며 원하지 않는 자에게는 법이 아니다.

190. 바르게 아는 마음

자신이 안다고 해도 자기 수준으로 아는 것이지 완전하게 아는 것이 아니다. 누구나 완전한 지혜가 나기 전까지 모르는 자와 다를 것이 없다. 자기 수준으로 아는 것을 완전하게 아는 것처럼 생각하면 독선에 빠진다.

자기 수준으로 아는 것은 단지 자신의 확신에 불과하다. 내가 아는 것과 상대가 아는 것을 똑같이 존중할 때 바르게 아는 마음이 일어난다. 바르게 아는 자는 자신이 아는 것만 옳다고 주장하지 않아 교만하지 않다.

바르게 알기 때문에 모르는 자를 무시하지 않아 배척하지 않는다. 바르게 아는 자는 상대가 이해하지 못하면 이해할 때까지 기다린다. 바르게 알면 서로의 의견이 다를 때는 확정적으로 결론을 내리지 않는다.

191. 원인과 결과

밭에 씨를 뿌린 자가 열매를 거둘 때는 같은 자가 아니다. 그렇다고 밭에 씨를 뿌린 자가 열매를 거둘 때 다른 자도 아니다. 같은 자라거나 다른 자라는 두 가지 견해는 극단이다. 같다고 하면 모든 것이 변하지 않고 항상(恒常)하다는 상견(常見)에 빠진다. 다르다고 하면 모든 것이 한번으로 끝이라는 단견(斷見)에 빠진다.

여기에는 자아가 없고 오직 원인과 결과만 있다. 원인과 결과가 상속되는 것이 윤회다. 씨를 뿌린 자가 따로 존재하지 않는다. 누구나 자아를 가지고 있지 않다.

단지 순간의 정신과 물질이 있을 뿐이다. 정신과 물질은 일어난 순간에 다른 정신과 물질로 변한다. 변하지 않고 항상 하는 존재가 있는 것이 아니다.

192. 마음이 방황할 때

마음이 방황할 때는 여러 가지 생각들이 춤을 추어 잘못된 유혹에 빠진다. 마음이 방황할 때는 흔들리는 마음을 알아차리고 가슴에서 일어난 느낌을 계속해서 알아차려야 한다. 거친 느낌이 사라진 뒤에도 계속해서 호흡을 알아차려야 한다.

그러면 감각적 욕망의 유혹에 빠지지 않고 굳건하게 자신을 지킬 수 있다. 유혹의 힘은 언제나 강하고 알아차리는 힘은 언제나 약하다. 유혹하는 것도 자신이 하고 유혹에 빠지는 것도 자신이 한다. 유혹하지 않는 것도 자신이 하고 유혹에 빠지지 않는 것도 자신이 한다.

자신의 몸과 마음에 관한 일은 누구도 개입할 수 없다. 자신을 청정하게 하기 위해서는 오직 자신의 몸과 마음을 알아차려야 한다.

193. 행복의 조건

자신이 행한 대로 받는다. 과거에 선한 행위를 했으면 선과보를 받아 행복하다. 과거에 선하지 못한 행위를 했으면 불선과보를 받아 불행하다. 행복과 불행은 영원하지 않고 바뀐다. 오늘의 행복이 내일의 불행이 될 수 있고, 오늘의 불행이 내일의 행복이 될 수 있다.

과거에 행한 과보의 정도에 따라 일회성 과보가 있고, 일정기간 지속되는 과보가 있다. 선과보에 의해 행복이 와도 행복을 있는 그대로 알아차리지 못하면 집착을 해서 불행하다. 불선과보에 의해 불행이 와도 불행을 있는 그대로 알아차리면 지혜가 나 행복하다.

행복을 얻고 불행을 예방하려면 현재 처해진 상황을 있는 그대로 알아차려서 어떤 것도 집착하지 않아야 한다.

194. 열정

열정은 생명을 지키는 기본의도다. 열정에 무모함이 있으면 어리석은 행위를 한다. 열정에 균형이 있으면 지혜로운 행위를 한다. 열정이 있다고 해서 다 좋은 것이 아니다. 열정이 지나치면 탐욕이 되어 모든 화의 근원인 어리석음에 빠진다.

좋다고 해서 다 좋은 것이 아니다. 좋은 것도 적절한 균형을 이룰 때 비로소 좋은 결과를 얻는다. 좋은 것에서 좋은 결과를 얻거나 안 좋은 것에서도 좋은 결과를 얻으려면 있는 그대로 알아차려서 균형을 유지해야 한다.

열정은 발전과 퇴보의 양면성이 있어 그대로 두면 바르지 못한 길로 갈 위험이 있다. 열정이 균형을 이루게 하는 지혜가 수반될 때에만 선한 의도가 되어 어리석음에 빠지지 않는다.

195. 느낌의 자각

즐거움이 탐욕의 눈을 뜨게 하고 괴로움이 지혜의 눈을 뜨게 한다. 즐거움을 알아차리지 못하면 어리석음에 빠지고 괴로움을 알아차리면 지혜를 얻는다. 즐거움과 괴로움은 매순간 일어나서 사라지는 느낌이다.

매순간 변하는 것은 무상으로 알아차릴 대상이다. 즐거움을 알아차리지 못하면 감각적 욕망이 일어나 집착을 한다. 집착은 탐욕의 노예가 되게 하여 즐겁지 못할 때 괴로움을 겪는다. 괴로움을 알아차리지 못하면 성냄이 일어나 집착을 한다. 집착은 어리석음의 노예가 되게 하여 항상 화를 내면서 산다.

즐거움과 괴로움은 감각기관이 느끼는 것이지 나의 것이 아니다. 느낌이 나의 것이 아니라는 자각이 일어나야 집착이 끊어진다.

196. 불선행위

술, 도박, 도둑질, 폭행, 거짓말, 비난, 이간질 등 불선행위에 중독된 마음은 불선행위를 즐기는 마음이다. 불선행위에는 불선행위를 즐기는 마음만 있는 것이 아니고 불선행위를 끊어서 얻는 즐거운 마음도 있다.

불선행위를 끊기 위해서는 불선행위를 끊는 더 큰 즐거움을 느껴야 한다. 감각적 욕망을 즐기는 것보다 감각적 욕망을 끊는 즐거움이 더 크다는 것을 알아야 불선행위를 계속하지 않는다. 더 큰 즐거움을 얻으려면 반드시 자신의 몸과 마음을 알아차려서 감각기관을 제어해야 한다.

불선행위를 즐기는 마음은 어리석지만 불선행위를 끊는 마음은 지혜다. 어리석음을 즐기는 마음은 괴로움이고 지혜를 즐기는 마음은 즐거움이다.

197. 알아차릴 대상

잘된 것을 알아차리면
탐욕에 빠지지 않는다.

잘못된 것을 알아차리면
화를 내지 않는다.

잘된 것이나 잘못된 것을
모두 알아차리면
어리석음에 빠지지 않는다.

198. 바른 법의 실천

바른 가르침도 욕망으로 집착하면 가르침의 참뜻이 훼손된다. 하물며 바르지 못한 가르침은 더 말할 나위가 없다. 모든 것을 있는 그대로 알아차릴 때에만 바른 가르침이 된다. 바른 법을 얻으려고 욕망으로 집착하면 결코 바른 법이 구현되기 어렵다.

바르지 못한 법을 소멸시키려 할 때도 욕망으로 집착하면 결코 사라지지 않는다. 있는 그대로 알아차리는 대상에는 바르거나 바르지 못한 법이 따로 없다. 욕망으로 집착하는 것은 세속의 방식이고 있는 그대로 알아차리는 것은 출세간의 방식이다.

세속의 방식은 그 끝이 없어 세세생생 윤회를 하여 괴로움의 출구가 없다. 출세간의 방식은 그 끝이 있어 윤회를 끝내는 괴로움의 출구가 있다.

199. 위험

인간이 살아가는 데는 항상 여러 가지 위험이 따른다. 이 위험은 과거의 어리석음과 현재의 욕망이 만든 결과다. 이런 사람은 자신이 만든 원인뿐만 아니라 남이 만든 원인도 자기 것으로 끌어들여 위험을 자초한다.

바르게 살면 이 위험을 비켜가지만 바르게 살지 못하면 위험을 피하지 못한다. 바르게 살면 위험을 막아서 보호하지만 바르게 살지 못하면 오히려 위험을 만들어서 그 결과를 받는다.

자신이 만든 위험은 지금 여기에서 즉시 결과가 나타나기도 하고 일정한 시간이 지난 뒤에 나타나기도 한다. 어리석음과 욕망으로 눈이 멀면 현재 나타난 위험을 감지하지 못해 결국에는 현재나 미래에 큰 위험에 빠져 허무하게 쓰러지고 만다.

200. 자아와 무아

누군가가 내게 자신의 생각과 다른 말을 하거나 행동을 할 때 기분이 나쁘면 나라고 하는 아상이 있기 때문이다. 아상이 있으면 자존심이 상해 기분이 나쁘다. 자신이 존중받고 싶은 사람에게 이런 일을 당하면 더 화를 내고 깊은 상처를 받는다. 이것이 자아가 있어서 생기는 괴로움이다.

내가 기분이 나쁘면 자연스럽게 상대에게도 기분 나쁜 말이나 행동을 하여 나만의 일로 그치지 않고 확대된다. 언제나 내가 있으면 기분이 나쁘고, 내가 없으면 기분이 나쁘지 않다.

인간이 모든 괴로움에서 벗어나기 위해 통과해야 하는 마지막 관문은 나라고 하는 관념이다. 자아의 두꺼운 껍질을 벗고 무아를 알 때 비로소 모든 번뇌가 소멸한다.

201. 신분

출생, 직업, 빈부가 신분을 결정하지 않는다. 생각
과 말과 행동이 천박하면 신분이 천박한 사람이다.
생각과 말과 행동이 고귀하면 신분이 고귀한 사람
이다. 천박한 사람은 아무리 치장을 해도 아름답지
않다.

고귀한 사람은 아무런 치장을 하지 않아도 아름답
다. 마음이 아름답지 못하면 살아서도 지옥, 축생,
아귀, 아수라의 마음으로 살고, 죽으면 지옥, 축생,
아귀, 아수라로 태어난다.

마음이 아름다우면 살아서도 선한 인간이나 천상이
나 해탈의 마음으로 살고, 죽어서도 지혜가 있는 인
간이나 천상에 태어나거나 해탈의 자유를 누린다.
누가 자신의 신분을 가져다주지 않는다. 오직 자신
의 생각과 말과 행동이 자신의 신분을 결정한다.

202. 해탈의 자유

모르는 사람은 무엇을 해야 할지 모른다. 지식으로 아는 사람은 무엇을 해야 할지 알지만 어떻게 실천 할지 모른다. 지혜로 아는 사람은 어떻게 해야 할지 알아 실천한다. 모르는 사람이 알기 위해서는 스승 의 가르침을 따라야 한다.

지식이 아닌 지혜로 알기 위해서는 몸과 마음을 있 는 그대로 알아차려야 한다. 몸과 마음을 알아차리 면 자신과 관계된 모든 것이 원인이 있어서 생긴 결 과라는 지혜가 난다.

몸과 마음을 계속해서 알아차리면 모든 것이 변한 다는 무상의 지혜가 난다. 그리고 존재하는 것의 진 실인 괴로움의 지혜가 난다. 그 뒤 무아의 지혜가 나면 어리석음과 욕망이 사라진 해탈의 자유를 얻 어 더 이상 태어나지 않는다.

203. 마음

자신과 함께 사는 동반자는 자신의 마음이다. 자신
과 가장 가까운 친구는 자신의 마음이다. 자신과 가
장 적대적인 관계도 자신의 마음이다. 자신에 대해
자세히 모르는 것도 자신의 마음이고, 자세히 아는
것도 자신의 마음이다.

자신의 마음이 오직 자신을 이끈다. 때로는 선한 마
음이 이끌기도 하고, 때로는 선하지 못한 마음이 이
끌기도 한다. 마음은 대상을 아는 것으로는 하나지
만 매순간 새로 일어나기 때문에 항상 다양한 얼굴
로 만난다.

그렇다고 자신의 마음 외에 또 다른 마음이 있는 것
이 아니다. 자신의 한순간의 마음이 조건에 의해 계
속 변하므로 현재의 마음에 따라 어리석은 자가 되
어 불행하거나 지혜로운 자가 되어 행복하다.

204. 의도

무슨 행위나 반드시 의도가 있어서 한다. 의도는 선한 의도와 선하지 못한 의도가 있다. 선한 의도는 관용, 자애, 지혜가 있을 때 일어난다. 선하지 못한 의도는 탐욕, 성냄, 어리석음이 있을 때 일어난다.

의도를 가질 때 적절한 열정은 선한 의도가 되어 선한 행위를 한다. 하지만 지나친 열정은 선하지 못한 의도가 되어 선하지 못한 행위를 한다. 적절한 열정을 가지려면 대상을 있는 그대로 알아차려야 한다. 지나친 열정이 되는 것은 대상을 알아차리지 못하기 때문이다.

무슨 일이나 무조건 잘하려고만 하면 열정이 욕망이 되어 바른 의도가 되지 못한다. 단지 필요해서 하는 행위는 선한 의도고, 욕망으로 하는 행위는 악한 의도다.

205. 다른 차원

자기 뜻대로 되지 않는다고 화내지 마라. 먼저 자기 뜻대로 되지 않는 것을 알아차려라. 그래도 화가 나면 자신이 처한 상황을 이해하라. 그러면 화가 나지 않는다. 화는 탐욕 때문에 일어난다.

탐욕은 어리석음 때문에 일어난다. 어리석음은 자아 때문에 일어난다. 나를 내세울 때는 항상 번뇌가 일어난다. 자아가 있으면 이기적 욕망이 앞서 자기 뜻대로만 되기를 바란다. 이해는 저절로 되지 않고 지혜가 성숙되어야 한다.

세상은 나를 따라오지 않는다. 그렇다고 내가 무조건 세상을 따라가서도 안 된다. 모든 일들은 그렇게 될 만한 조건이 있어서 그렇게 된 것이다. 세상의 일은 그대로 두고 인식하는 마음은 차원을 달리해야 한다.

206. 욕망으로 하는 일

피곤한 것은 몸이 아니고 마음이다. 몸이 피곤하다고 해도 피곤한 것을 아는 것은 마음이다. 바른 일을 할 때는 마음이 피곤하지 않다. 좋아하는 일을 할 때도 마음이 피곤하지 않다.

바른 일이나 좋아하는 일이라고 해서 무조건 상쾌한 것은 아니다. 바른 일도 욕망을 가지고 하면 마음이 피곤하다. 욕망으로 하는 일은 반드시 보상을 바라기 때문에 마음이 허전하다.

욕망을 가지고 하는 일은 아무리 채워도 가득차지 않아 만족할 수 없다. 욕망으로 하는 일은 욕망의 크기만큼 감당하기 어려운 허무에 빠진다. 바른 일을 하고도 채워지지 않는 갈증이 있으면 감각적 욕망의 유혹에 빠진다. 선과 악은 항상 함께 붙어 있는 양면성이 있다.

207. 과시

자기를 과시하기 위해 남을 의식하지마라. 남에게 피해를 주지 않고 도움을 주기 위해 남을 의식하라. 자기를 과시하는 것은 열등의식을 가지고 있기 때문이다. 자기를 과시하면 오히려 자신의 가치가 떨어진다. 자기를 과시하는 것은 자신을 속이고 남을 속이는 것이다.

남은 자신을 과시하는 자를 불쌍히 여긴다. 자기를 과시하는 마음으로 살면 자신의 삶을 사는 것이 아니고 남의 삶을 산다. 남에게 보이기 위한 삶은 진실하지 못해 내면의 고요함을 얻을 수 없다.

진실한 자는 자신의 감각기관에 마음을 두고 산다. 마음이 밖으로 나가서 볼 때는 남의 허물을 보고 비난하기 위해서가 아니고 저마다의 특성을 존중하기 위해서 보아야 한다.

208. 마음과 몸

비물질에서 물질이 나온다. 마음이 있어서 몸이 생긴다. 그러므로 마음과 몸은 동일한 특성을 가지고 있다. 마음과 몸은 서로의 영역이 다르지만 똑같이 무상, 고, 무아의 특성을 가지고 있다. 세 가지의 특성을 알 때 비로소 마음과 몸을 바르게 아는 것이다.

마음과 몸이 가지고 있는 특성을 알면 쉴 새 없는 변화를 받아들이고 괴로움을 이해하게 되고 내가 없음을 알아 욕망과 집착에서 자유로워진다.

이 세 가지 특성을 바르게 알기 위해서는 보이는 몸만 알아차려서는 안 된다. 모든 것을 앞에서 이끄는 보이지 않는 마음까지 알아차려야 한다. 보이는 것에만 의존하면 보이지 않는 마음의 실재를 알 수 없어 바른 지혜를 얻기 어렵다.

209. 정법(正法)

정법(正法)은 구걸하지 않는다. 정법은 성스러운 진리이기 때문에 스스로의 존엄성을 지킨다. 정법이 구걸하면 존엄성이 훼손된다. 정법이라고 해서 특별한 것이 아니고 단지 있는 그대로의 진실이다.

정법은 그것 자체가 완성이라서 항상 와서 보라고 드러내고 있다. 정법을 보려면 마음가짐을 바르게 해야 한다. 정법은 무아를 드러내고 있는데 자아를 가지고 보면 가까이 다가갈 수 없다.

정법을 대할 때 이기적인 마음이나 욕망을 가지고 보면 접근하기 어렵다. 나를 내세우지 않을 때 정법의 실체를 본다. 많은 사람들이 자신의 몸과 마음에 항상 드러나 있는 정법을 발견하지 못하는 것은 내가 본다는 자아를 가지고 보기 때문이다.

210. 진리의 길

진리가 있어도 알지 못하는 것은 아직 지혜가 성숙
되지 않았기 때문이다. 지혜는 오직 몸과 마음을 있
는 그대로 알아차릴 때에만 얻는다. 몸과 마음을 가
지고 사는 생명에게 몸과 마음을 벗어난 것은 실재
가 아니고 가상이다. 실재가 아닌 가상은 추상적이
라서 진리를 발견할 수 없다.

실재하는 진리는 지금 여기에 있는 몸과 마음밖에
없다. 몸과 마음을 있는 그대로 알아차려야 사성제
인 고집멸도의 성스러운 진리를 본다. 몸과 마음의
실재하는 진리는 오온의 괴로움이다.

오온을 나의 것이라고 생각해서 집착하면 괴로움이
생긴다. 오온의 집착에서 벗어나면 열반에 이르러
윤회가 끝난다. 이 길은 팔정도 위빠사나 수행을 통
해서 열린다.

211. 진정한 정의

부도덕한 사회에서는 부도덕함이 질서다. 사견을 가진 무리에서는 사견이 질서다. 어리석은 마음을 가진 세상에서는 어리석음이 질서다. 관념을 가진 세계에서는 관념이 질서다. 그러나 이 세상에는 이러한 질서만 있는 것이 아니다.

도덕적인 사회에서는 도덕이 질서다. 정견을 가진 무리에서는 정견이 질서다. 지혜가 있는 세상에서는 지혜가 질서다. 실재를 아는 세계에서는 실재가 질서다.

이처럼 이 세상에는 항상 두 개의 세계가 있어 두 개의 질서가 있다. 이 두 개의 질서는 저마다 정의라고 주장한다. 진정한 정의는 모순이 없고 괴로움이 없어야 한다. 모순과 괴로움이 있으면 세간의 정의고, 모순과 괴로움이 없으면 출세간의 정의다.

212. 어리석음

대상을 있는 그대로 알아차리면 좋아하거나 싫어하지 않는다. 좋아하거나 싫어하지 않아야 어리석음과 욕망이 지배하는 늪에서 벗어나 자유를 얻는다. 대상을 있는 그대로 알아차리지 못하면 좋아하거나 싫어한다.

좋아하거나 싫어하면 어리석음과 욕망이 지배하는 늪에서 벗어나지 못해 자유를 속박 당한다. 어리석으면 노력도 하지 않고 얻기를 바라는 탐욕을 부린다. 어리석으면 얻지 못했다고 괴로워하며 화를 낸다.

수행이 잘되기를 바라는 것은 탐욕이고 수행이 안된다고 괴로워하는 것은 성냄이다. 잘 안될 수밖에 없는 수행을 잘하려고만 하는 탐욕이나, 잘 안될 수밖에 없는 수행에 대하여 화를 내는 것은 모두 어리석기 때문이다.

옹달샘

8

꿈속에서

꿈속에서 남과 시비가 붙은 일로 잠에서 깨어나 불쾌함을 감출 수 없다.
사소한 일로 상대에게 몽니를 부린 일이 아쉽다.

213. 알아차림의 지속

선한 일을 했다고 해서 선이 완성된 것이 아니다. 대상을 있는 그대로 알아차려서 감각적 욕망이 제어되었다고 해서 욕망이 완전하게 소멸한 것이 아니다. 욕망이 일시적으로 소멸해도 잠재의식 속에 저장된 욕망은 조건이 성숙되면 언제든지 다시 나타날 준비를 하고 있다.

그러므로 먼저 대상을 있는 그대로 알아차리고, 다음에 알아차림을 지속시켜야 한다. 알아차림을 지속시킬 때에만 집중의 고요함이 생겨 완전한 선을 향해서 갈 수 있다.

지속이 없는 선은 일시적이라서 불완전하다. 일시적으로 알아차리고 말면 집중의 힘이 생기지 않아 지혜가 계발되지 않는다. 알아차림을 지속할 때라야 지혜가 계발되어 완전한 선을 이룰 수 있다.

214. 영역 밖의 일

욕망이 많으면 필요한 일만하지 않고 불필요한 일까지 한다. 여기다 자신과 무관한 일까지 관심을 가지고 참견한다. 자신의 문제가 아닌 세상의 온갖 불필요한 일을 참견하는 것이 탐욕과 성냄과 어리석음이다.

알아차림이 없기 때문에 불필요한 일에 관심을 갖는다. 알아차림이 있으면 불필요한 일에 관심을 갖지 않는다. 바른 사유를 하면 불필요한 일에 관심을 기울이지 않는다. 바른 사유를 하지 못하기 때문에 불필요한 일에 관심을 기울인다.

불필요한 일은 알아차릴 대상의 영역 밖에 있는 것이다. 영역 밖에 있는 일을 영역으로 끌어들이면 괴로움의 원인이 된다. 정신을 흐리게 하는 영역 밖의 일은 그냥 밖의 일로 놔두어야 한다.

215. 독선

독선이 있으면 자신의 마음이 경색되어 사물을 바르게 보지 못한다. 그 결과로 자신의 몸과 마음이 황폐화된다. 독선을 가지면 있는 그대로 보지 않고 자기 고정관념으로 보기 때문에 지혜를 얻을 수 없다.

독선적인 마음으로 얻은 것이 있다면 결국에는 얻은 것으로 인해 무너지고 만다. 독선에는 관대함이 없고 탐욕과 집착만 있다.

자신의 견해만 옳다는 것처럼 더 위험한 것이 없다. 보고도 보려고 하지 않고, 듣고도 들으려고 하지 않고 자기 견해만 주장하면 이미 자정능력을 상실한 사람이다. 이러한 독선적인 요소는 모든 인간들에게 내재해 있다. 독선이 집단화되면 이기적인 욕망에 눈이 멀어 생명을 살상하는 분쟁을 일으킨다.

216. 자유의 구가

대상을 있는 그대로 알아차릴 때는 꽃잎처럼 부드
럽게 하고, 물이 흐르듯 자연스럽게 하라. 알아차림
을 지속할 때는 바람에 무너지지 않는 산처럼 하고,
흔들리지 않는 바위처럼 견고하게 하라. 수행을 할
때 확신에 찬 믿음이 없으면 노력을 할 수 없다. 부
단한 노력이 없으면 결코 알아차릴 수 없다.

대상을 겨냥하는 알아차림을 지속하지 않으면 집중
이 되지 않는다. 믿음이 앞에서 이끌고 노력과 알아
차림과 집중이 조화를 이룰 때 통찰지혜가 생겨 거
미줄에 걸리지 않는 바람처럼 자유를 얻는다.

이렇게 생긴 지혜가 앞에서 믿음과 함께 수행을 이
끌면 세세생생 내려온 고질적인 습관을 타파하고
새로운 이상의 세계를 열어 자유를 구가한다.

217. 상호의 조건

걸어서 하늘을 갈 수 없지만 마음은 하늘을 난다. 눈은 대상을 보지만 마음이 없으면 알 수 없다. 귀는 소리를 듣지만 마음이 없으면 들을 수 없다. 코는 냄새를 맡지만 마음이 없으면 맡을 수 없다.

혀는 음식을 받아들이지만 마음이 없으면 맛을 알 수 없다. 몸이 할 수 없는 것을 마음이 하고 마음이 할 수 없는 것을 몸이 한다. 몸은 대상을 인식할 수 없지만 마음이 인식하고 마음은 갈 수 없지만 몸을 통해서 간다.

내가 있는 것은 몸과 마음이 있는 것이고, 사는 것은 몸과 마음이 작용하는 것이다. 나의 기본이 되는 몸과 마음은 나의 것이 아니고 내가 소유할 수 없다. 몸과 마음은 조건에 의해 일어나고 사라지는 연속적 현상만 있다.

218. 진실

진실은 항상 드러나 있다. 진실은 모르는 자에게는 보이지 않고 아는 자에게만 보인다. 진실을 보았다고 해도 지식으로 아는 자와 지혜로 아는 자는 차이가 있다. 진실을 보고 실천하지 않는 자는 지식으로 알기 때문에 실천하지 않는다.

진실을 보고 실천하는 자는 지혜로 알기 때문에 실천한다. 지식은 남의 말을 듣고 생각으로 아는 것이라서 관념이다. 지혜는 자신이 직접 체험해서 아는 것이라서 실재다. 지식으로 알면 사유라서 잘못을 끊을 수 없다. 지혜로 알면 실재라서 잘못을 끊을 수 있다.

진실을 모르는 자는 어둠 속에 있다. 진실을 지식으로 아는 자는 안개 속에 있다. 진실을 지혜로 아는 자는 밝음 속에 있어 끊을 수 있다.

219. 보이지 않는 마음

눈에 보이는 행동만 있지 않다. 보이는 행동에는 반드시 보이지 않는 마음이 있다. 보이는 행동으로만 판단하면 바르게 판단할 수 없다. 행동을 일으킨 마음을 알아야 비로소 바르게 판단할 수 있다.

누구나 네 가지 마음을 가지고 있는데 선심, 불선심, 과보심, 작용심이 있다. 네 가지 마음은 조건에 의해 다양하게 나타난다. 과보심은 과거에 한 행위로 인해서 생기는 마음으로 선과보심과 불선과보심이 있다. 작용심은 원인과 결과가 없는 정화된 마음이다.

마음은 조건에 의해 일어나므로 어떤 조건이 성숙되었는가를 이해해야 바르게 판단할 수 있다. 잘못된 조건에서는 잘못된 마음이 일어나므로 항상 조건의 성숙에 주의해야 한다.

220. 누가 구원자인가?

누가 나를 구원해주지 않는다. 오직 자신의 선한 행위가 자신을 구원한다. 자신의 선한 행위는 자신의 선한 마음이 일으킨다. 누가 나를 괴롭히지 않는다. 오직 자신의 선하지 못한 행위가 자신을 괴롭힌다. 자신의 선하지 못한 행위는 자신의 선하지 못한 마음이 일으킨다.

누가 나를 해방시키지 않는다. 오직 자신의 지혜가 자신을 해방시킨다. 자신의 지혜는 몸과 마음을 있는 그대로 알아차릴 때 일어난다. 누가 나를 구속하지 않는다. 오직 자신의 어리석음이 자신을 구속한다.

자신의 어리석음은 습관대로 사는 것에 기인하며, 감각적 욕망을 탐착하기 때문에 일어나며, 자신의 몸과 마음을 있는 그대로 알아차리지 못해서 일어난다.

221. 균형

바른 것도 지나치면 극단이 되어 바람직하지 않다.
하물며 바르지 못한 것은 더 말할 나위가 없다. 바
른 것이나 바르지 못한 것이나 극단이 되면 욕망을
가지고 집착하게 되어 바람직하지 못하다.

어떤 것이나 균형을 이룰 때 가장 완전한 결과를 얻
을 수 있다. 중도적 관점을 가질 때 자신의 마음이
고요해져 대상이 가지고 있는 성품을 아는 지혜가
난다. 균형은 오직 알아차림에 의해서 가능하다. 알
아차림이 없을 때는 감각적 욕망과 극단적 고행에
빠져 결코 이상적인 결과를 얻을 수 없다.

사랑도 지나치게 집착하면 욕망이 되어 파국을 맞
는다. 일에 대한 열정도 지나치게 집착하면 중독이
되어 부정적인 결과를 맞이한다.

222. 살생의 과보

살생은 몸과 마음을 가지고 있는 생명을 죽이는 행위다. 살생을 한 사람이 받는 불선과보는 수명이 짧고, 온갖 질병에 시달리며, 사랑하는 사람과 헤어져야 하기 때문에 항상 슬픔에 젖어있고, 두려움으로 인해 불안하게 산다.

선하고 덕이 있는 사람을 살생하면 선하지 못하고 덕이 없는 사람을 살생하는 것보다 더 큰 불선과보를 받는다. 큰 짐승이나 지능이 높은 짐승을 살생하면 작고 지능이 낮은 짐승을 살생하는 것보다 더 큰 불선과보를 받는다.

살생은 죽이려는 의도를 가지고, 죽이는 행위를 해서, 결과적으로 죽을 때 과보를 받는다. 모르고 하는 살생은 과보를 받지 않는다. 식물은 마음이 없고 몸만 있어서 살생에 속하지 않는다.

223. 세간과 출세간

세간에서는 자신의 이해에 따라 옳은 것을 그르다고 하고, 그른 것을 옳다고 한다. 이것이 세간의 정서다. 옳은 것인지 알면서도 그르다고 말하고, 그른 것인지 알면서 옳다고 말하면 자신도 모르게 잘못된 것을 진실처럼 받아들이게 된다. 이것이 세간을 사는 어리석음이다.

그러나 이 세상에는 세간만 있는 것이 아니고 출세간이 있다. 출세간에서는 자신의 이해를 떠나 옳은 것을 옳다고 하고, 그른 것을 그르다고 한다. 이것이 출세간의 진실이다.

자신의 이익과 손실을 떠나 사물을 있는 그대로 보고 바른 판단을 하려면 자신의 몸과 마음을 알아차려야 한다. 이것이 출세간을 사는 지혜다. 세간을 뛰어넘는 출세간만이 자신을 구원한다.

224. 완전한 법

세간의 법은 항상 불완전하다. 세속을 구성하고 있는 사람들의 업이 모두 다르기 때문이다. 저마다 자기 나름대로의 성향을 가지고 있으면 언제든지 일탈과 갈등이 생겨 다툼이 있기 마련이다. 그러므로 세간에서는 완전한 법이 없다.

세간의 어떤 법도 모든 사람을 다 만족시킬 수 없다. 다만 상황에 따라서 지나친 불균형을 보완하는 조정만 있을 뿐이다. 출세간의 법은 항상 완전하다. 사람들의 업이 달라 저마다의 축적된 성향이 다르지만 이러한 사실을 있는 그대로 알아차리기 때문이다.

불완전을 있는 그대로 알아차리는 것이 완전으로 가는 유일한 길이다. 세속의 괴로움에서 벗어날 수 있는 길은 오직 출세간의 관용뿐이다.

225. 생로병사(生老病死)

죽을 때의 마음은 일어나서 사라지고 없지만 마음
에 담긴 종자가 다음 마음을 일으켜 즉시 새로운 생
명으로 태어난다. 이러한 태어남은 무상이고 괴로
움이며 무아다. 태어나서 성장하고 늙어가는 과정
은 무상이고 괴로움이며 무아다.

성장하고 늙어가는 과정에서 생기는 온갖 육체적
정신적 질병은 무상이고 괴로움이며 무아다. 누구
나 마지막에 예외 없이 죽는 것은 무상이고 괴로움
이며 무아다.

정신과 물질은 항상 하지 않고 반드시 변한다. 존재
한다는 것은 불만족이라서 괴로움이다. 이 괴로움
은 실체가 없고 하찮은 것이다. 정신과 물질은 있지
만 이것을 지배하는 자아가 없어 무아다. 생로병사
와 무상, 고, 무아가 지속되는 것이 윤회다.

226. 꿈속에서

꿈속에서 남과 시비가 붙은 일로 잠에서 깨어나 불
쾌함을 감출 수 없다. 사소한 일로 상대에게 몽니를
부린 일이 아쉽다.

"아! 현실이 아니고 꿈이어서 다행이구나." 그래도
시비를 벌린 일에 대한 불쾌함으로 진정되지 않는
다. "아! 이것은 꿈이지만 이 시비는 이미 현실에
서 벌어지고 있었구나. 그러니 꿈에서도 시비가 붙
은 것이 아닌가?"

내가 모르고 지낸 많은 순간에 나는 이미 세상과 시
비를 하면서 살아온 것이다. 그렇지 않고서는 꿈에
서 시비를 할 리가 없다. 벌렁거리는 가슴을 쓸어내
리고 조용히 호흡을 알아차린다. 그런 뒤에 잠시 생
각을 한다. "그렇다! 꿈이어서 다행이지만 이제 이
런 꿈도 꾸지 않도록 알아차리자."

227. 종교의 사명

종교(宗敎)는 으뜸이 되는 가르침이라서 모든 사람들이 저마다 평화롭게 살도록 한다. 종교는 각기 다른 문화적 배경에서 만들어졌지만 그 참 뜻은 모두 선한 것이고 사랑과 평화와 행복이다.

서로 다른 것은 추함이 아니라 아름다움이다. 세상의 모든 것이 똑같고 획일적이라면 세상이 아니다. 내 종교만 옳다고 주장하면 바른 종교관이 아니다. 서로 다름 속에서 바른 것에 대한 공통분모를 찾는 것이 종교의 사명이다.

나만 옳고 다른 것은 틀렸다는 것은 독선이다. 다른 종교가 함께 존재해야하는 이유를 알 때 비로소 자신의 종교에 대한 바른 견해를 가질 수 있다. 더불어 사는 마음을 갖지 않으면 독방에 감금된 죄수나 다름이 없다.

228. 바라는 마음

바라는 마음은 끝이 없다. 바라는 마음은 항상 어리석음과 함께 있기 때문에 무모함에서 벗어나지 못한다. 설령 바라는 것을 얻었다고 해도 이내 더 많은 것을 바라서 얻어도 얻은 것이 아니다.

바라는 것의 특성은 바라는 대로 얻지 못하는 것이다. 하지만 어리석기 때문에 바라는 것을 얻지 못하면 화를 내거나 슬픔을 느낀다. 슬픔이 비탄이 되면 두려움에 떨어 불안하게 살아야 한다. 이 두려움으로 인해 우울해져 고통을 겪는다. 우울해지면 우울한 것을 즐겨 집착한다. 그래서 출구가 없는 어둠을 헤매야 한다.

누구나 죽지만 바라는 마음으로 출구가 없는 어둠을 헤매다 죽는 것과 바라지 않는 마음으로 출구를 찾아서 죽는 것은 다르다.

229. 있는 그대로

대상은 그냥 거기에 그대로 있다. 대상을 아름답거나 추하다고 생각하는 것은 내 마음이 만든 환상이다. 대상을 있는 그대로 보면 맨느낌이 일어나 갈애가 일어나지 않는다. 대상을 좋거나 싫다고 여기면 육체적인 느낌이 일어나 갈애를 일으킨다.

계속해서 좋거나 싫다고 여기면 정신적인 느낌이 일어나 대상을 집착한다. 최초에 일어난 순수한 느낌이 갈애가 되고 다시 집착을 하면 업을 생성하는 행위가 되어 반드시 그 결과를 받아 괴로움을 겪는다.

자신이 겪는 모든 일들은 이러한 과정을 거쳐서 점진적으로 진행된다. 좋아하면 탐욕이 일어나고 싫어하면 성냄이 일어나서 어리석음에 빠지기 때문에 있는 그대로 알아차려야 한다.

230. 습관

의도가 있는 행위를 업(業)이라고 한다. 업은 자신이 행위를 한 그대로 과보를 받는다. 이러한 과보가 자신이 가지고 있는 습관이다. 자신의 습관은 잠재의식으로 자신을 지배한다. 선한 습관은 선한 의도를 가지고 선한 행위를 해서 선한 과보를 받도록 한다. 이 결과로 괴로움에서 벗어나 윤회가 끝난다.

선하지 못한 습관은 선하지 못한 의도를 가지고 선하지 못한 행위를 해서 선하지 못한 과보를 받도록 한다. 이 결과로 괴로움뿐인 윤회를 계속한다.

선한 습관은 알아차려서 더욱 키워야 하고, 선하지 못한 습관은 알아차려서 소멸시켜야 한다. 선한 습관을 키우고 선하지 못한 습관을 제거하려면 믿음을 가지고 부단히 노력해야 한다.

231. 물질의 노예

물질을 얻기 위해 정신을 팔면 정신이 파멸에 이른다. 물질은 필요한 것이나 물질이 우선이면 물질의 노예가 된다. 물질의 노예로 사는 자신이나 사회는 이기적 욕망만 있고 정의가 없어 결국에는 파멸에 이른다.

노예로 살면 행복이 없고 비겁한 굴종만 있다. 어리석은 사람에게는 진실은 쓰고 거짓은 달콤하다. 어리석기 때문에 진실을 버리고 거짓을 선택하여 주인으로 삼는다. 나를 지배하고 이 세상을 지배하는 것은 물질이 아니고 정신이다.

물질에 유약해진 정신은 감각적 욕망에 빠져 스스로 괴로움을 만든다. 지혜가 있는 사람에게 진실은 달고 거짓은 쓰다. 물질에 취해 고결한 정신을 버린 사람은 살아도 사는 것이 아니다.

232. 만족과 불만족

선이 악을 이긴다. 물리적인 대결의 결과를 승리라고 할 수 없다. 정신적인 성숙의 결과가 진정한 승리다. 선한 자는 어떤 것이나 만족한다. 악한 자는 어떤 것에 대해서도 만족하지 못한다.

스스로 만족하는 것이 선이 악을 이기는 승리의 결과다. 대상을 있는 그대로 알아차려서 만족하는 것이 승리다. 있는 그대로 알아차리지 못해서 만족하지 못하는 것이 실패다.

만족하면 감사하게 여길 줄 알아 사랑하는 마음이 생겨 지혜의 눈을 뜬다. 만족하지 못하면 감사하게 여길 줄 몰라 이기적 욕망으로 어리석음에 빠진다. 만족하면 지혜가 생겨 윤회가 끝나는 해탈의 길로 간다. 만족하지 못하면 어리석음에 빠져 윤회를 하는 어둠의 길로 간다.

233. 종교는 비밀이다

어리석은 사람보다 더 어리석은 종교라면 사명을
잃은 종교다. 사람들이 종교를 걱정한다면 이러한
종교는 오히려 사회의 짐이다. 선한 것에는 항상 선
하지 못한 것이 함께 있으면서 선을 가장한다.

선을 표방하면서 불선을 행하면 불선과보가 더 크
다. 내 종교만 옳다고 하면서 다른 종교를 배척하거
나 타 종교인을 자신의 종교로 개종시키려는 것은
바람직하지 않다. 이것은 종교가 가진 가장 위험한
비도덕적 행위다.

종교는 집단의 이익을 추구해서는 안 된다. 개인이
정신의 함양을 실천하는 역할을 해야 한다. 욕망과
악의에 찬 사람이 종교를 이용할 때는 더 큰 위험이
있다. 종교에서 표방하는 것이 진실인지 아닌지는
비밀에 속한다.

234. 개선

누구나 자기 수준에서 생각하고 말하고 행동한다. 그러므로 남의 잘못을 비난할 것 없다. 몰라서 그러는 것은 비난의 대상이 아니고 알아차려야 할 대상이다. 있는 그대로 알아차리면 그것대로 이해하고 존중하게 된다.

자신이 안다고 해도 완전히 알지 못해 모르기는 서로가 똑같다. 그러므로 남이 자기 수준과 다르다고 상대를 바꾸려고 해서는 안 된다. 있는 그대로 알아차려서 지혜가 나지 않는 한 자기 수준을 벗어날 수 없다.

자기 수준은 자신의 축적된 성향으로 바꿀 수 없다. 바꿀 수 없는 성향을 바꾸려고 하는 것이 욕망이며 비극의 시작이다. 다만 바꾸려 하지 않고 서로가 있는 그대로 알아차려서 존중할 때 개선의 여지가 있다.

235. 비밀이 없다

법은 있는 그대로의 진실이라서 심오하지만 비밀이 없다. 법이 깊고 오묘한 것은 지금까지 있는 그대로 알아차리지 못해서 진실한 세계를 볼 수 없었기 때문이다. 누구나 선입관을 가지고 고정관념으로 보기 때문에 대상을 왜곡하기 마련이다.

만약 법이 비밀스러워서 신비롭다면 바른 법이 아니다. 바른 법은 비밀이 없어 언제나 모든 것이 드러나 있다. 바른 법은 지극히 합리적이라서 누구에게나 적용되는 보편적인 진리다.

바른 법을 알면 지금까지 몰랐던 사실을 아는 지혜가 나 오묘함을 느낀다. 하지만 법이 신비롭고 비밀스럽다면 바른 법이라고 할 수 없다. 법에 비밀이 있다면 특정인만의 것이라서 보편적인 가치를 가진 것이 아니다.

236. 괴로움

괴로움은 얻고 싶은 마음 때문에 생긴다. 얻고 싶은 마음에는 만족이 없어 그것 자체가 괴로움이다. 괴로움은 과시하는 마음 때문에 생긴다. 과시하는 마음에는 만족이 없어 그것 자체가 괴로움이다.

과거의 괴로움이 현재로 와서 현재가 괴롭고, 현재의 괴로움이 미래로 가서 미래에도 괴롭다. 괴로움이 상속되는 것이 윤회다. 과거의 괴로움이 있어서 현재의 두려움을 만들고, 현재의 두려움이 있어서 미래의 두려움을 만든다.

이러한 괴로움과 두려움을 만드는 원인은 어리석음과 욕망이다. 어리석음과 욕망은 내가 있기 때문에 일어난다. 자신의 몸과 마음을 알아차려서 내가 없다는 궁극의 지혜를 얻을 때에만 모든 괴로움에서 벗어난다.

237. 감각기관과 마음

아무리 좋은 것이 보여도 내 마음이 편치 않으면 좋게 보이지 않는다. 아무리 좋은 소리가 들려도 내 마음이 편치 않으면 좋은 소리가 아니다. 아무리 좋은 냄새가 나도 내 마음이 편치 않으면 좋은 냄새가 아니다.

아무리 맛있는 음식이 있어도 내 마음이 편치 않으면 맛있는 음식이 아니다. 아무리 좋은 접촉을 해도 내 마음이 편치 않으면 좋은 접촉이 아니다. 아무리 좋은 생각을 해도 내 마음이 편치 않으면 좋은 생각이 아니다.

인간이 사는 것은 여섯 가지 감각기관이 감각대상과 접촉해서 일어난 마음으로 산다. 하지만 나를 이끌어 가는 것은 나의 마음가짐이다. 나의 행복과 불행은 누가 주는 것이 아니고 오직 내 마음이 만든다.

238. 구름과 달

구름이 달을 가려도 달이 없는 것이 아니다. 거울
에 먼지가 끼어 볼 수 없어도 거울이 없는 것이 아
니다. 거짓이 진실을 가려도 진실이 없는 것이 아니
다. 눈에 보이는 것만 있는 것이 아니다. 눈에 보이
는 것 속에 숨겨진 진실을 보아야 한다.

마음이 청정하면 구름에 가린 달을 볼 수 있다. 마
음이 청정하지 못하면 눈에 보이는 구름만 본다. 겉
으로 드러난 것만 보면 세간을 사는 사람이다. 겉으
로 드러나 있는 것 속에 있는 진실을 보면 출세간을
사는 사람이다.

세간에서는 있고 없고가 있지만 출세간에서는 있고
없고가 없이 모두 알아차릴 대상이다. 몸과 마음을
알아차려서 지혜의 눈을 뜨면 거울에 낀 먼지가 닦
여 가려진 진실을 본다.

239. 감당

자신이 의도를 가지고 한 행위가 있으면 반드시 행위를 한대로 결과를 받는다. 그러나 누구도 자신이 한 행위가 원인이 되어서 생긴 결과를 감당하지 못한다. 그래서 언제나 똑같은 행위를 되풀이하면서 끊임없이 괴로움과 두려움에 떨면서 산다.

자신이 한 일에 대한 결과를 감당하지 못하는 것은 아직 지혜가 없고 어리석기 때문이다. 자신이 일으킨 일에 대한 결과를 감당하려면 모든 것이 지은 대로 받는다는 지혜가 필요하다.

이런 지혜가 날 때에만 주어진 결과를 있는 그대로 알아차려서 받아들인다. 주어진 결과를 있는 그대로 받아들여서 감당하면 다시 부질없는 탐욕과 성냄과 어리석음을 일으키지 않아 괴로움을 겪지 않는다.

240. 춤추는 사람, 춤추지 않는 사람

어리석은 사람은 정신이 나간 사람이 춤출 때 따라서 춘다. 지혜가 있는 사람은 정신이 나간 사람이 춤을 추어도 따라서 추지 않는다. 정신이 나간 사람을 탓하지 마라. 그런 사람을 문제로 삼으면 그 사람과 똑같다.

지혜가 있는 사람은 상대가 몰라서 그러는 것을 탓하지 않고 분리해서 본다. 몰라서 그러는 것을 탓하면 상대와 다를 것이 없다. 세상의 일과 자신의 일을 분리해서 알아차려야 한다.

세상이 바르게 돌아가지 않아도 내가 가야할 길이 따로 있다. 자신의 몸과 마음을 분리해서 알아차려야 괴로움 없이 살 수 있다. 하물며 바르지 못한 세상의 일과 자신의 일을 분리하지 못하면 어리석게 살아 끝없는 괴로움을 겪어야 한다.

241. 모르는 사람, 아는 사람

바르게 알지 못하는 사람은 자신이 아는 것이 완전하다고 여긴다. 바르게 아는 사람은 자신이 아는 것이 완전하지 않다고 여긴다. 자신만의 정신세계에 갇혀 있는 사람은 무엇에도 걸림이 없는 높은 경지의 정신세계를 알지 못한다.

자신만의 정신세계가 아닌 다른 정신세계와 소통하는 사람은 무엇에도 걸림이 없는 높은 경지의 정신세계를 안다. 모르는 사람은 어떤 일이나 옳고 그름을 따져 시비에 걸린다. 아는 사람은 어떤 일이나 옳고 그름을 따지지 않아 시비에 걸리지 않는다.

범부가 머무는 정신세계는 항상 구름이 가득 끼어 있어 사물을 바르게 보지 못한다. 성자가 머무는 정신세계는 항상 쾌청하여 사물을 있는 그대로 본다.

242. 옳고 그름

처음에 대상을 있는 그대로 알아차리면 무엇이나 옳고 그름으로 판단하지 않는다. 대상을 옳고 그름으로 판단하지 않아야 비로소 무엇이 옳고 그른지 진실을 아는 바른 견해가 생긴다.

처음부터 옳고 그름으로 판단하면 자신의 고정관념으로 판단하는 것이라서 대상이 가지고 있는 진실을 볼 수 없다. 대상을 있는 그대로 알아차리면 자신의 내면에 고요함이 생겨 바르게 판단하는 지혜가 생긴다.

처음부터 대상을 옳고 그름으로 판단하면 옳을 때 탐욕이 일어나 집착하고 그를 때 화를 내고 배척한다. 대상을 있는 그대로 알아차리면 단지 하나의 현상으로 보는 지혜가 난다. 있는 그대로 알아차릴 때에만 선심이 일어나 선행을 할 수 있다.

243. 계율의 이익

계율을 지켜야 하는 이유는 참혹하고 괴로운 결과를 막기 위해서다. 계율을 지키지 않으면 선하지 못한 마음인 탐욕과 성냄과 어리석음의 지배를 받아 불행하게 산다. 계율을 지키면 선한 마음인 관용과 자애와 지혜를 얻어 행복하게 산다.

계율은 불행을 막아서 스스로를 보호하는 도덕적 안전장치다. 인간이 계율 안에 있을 때 가장 안전하고 평화롭다. 계율을 지키면 고요한 마음으로 인해 집중력이 생겨 통찰지혜를 얻을 수 있다.

계율 밖에 있을 때는 항상 위험이 따르며 들뜬 상태라서 감각적 욕망의 지배를 받는다. 감각적 욕망은 한순간의 즐거움으로 그치지만 그 과보는 현재뿐만 아니라 알 수 없는 미래까지 괴로움을 지속시킨다.

옹달샘

9

바른 길

바른 길은 만나기도 어렵지만 만났어도 가기가 어렵다.
또 바른 길을 간다고 해도 계속해서 가기가 어려워서
지고의 행복을 얻기는 더욱 어렵다.
바른 길을 만나는 것은 선업의 공덕이 있어야 한다.

244. 하나뿐인 목숨

무슨 일을 하거나 목숨을 걸고 해서는 안 된다. 목숨을 건다는 것은 극단적인 행위다. 극단은 성공과 실패를 떠나서 가장 위험한 행위다. 목숨을 걸고 했을 때 원하는 것을 성취하면 자만심에 빠져 감각적 욕망에 도취된다.

실패하면 좌절감에 빠져 자신을 학대한다. 그러므로 어느 것이나 바람직한 결과를 얻지 못한다. 모든 일들은 일련의 과정으로 진행된다. 성공했다고 해서 끝난 것이 아니고 실패했다고 해서 끝난 것이 아니다.

모든 것이 연속적인 과정으로 진행되는데 하나뿐인 목숨을 건다는 것은 지극히 어리석은 일이다. 무슨 일을 하거나 단지 필요해서 해야 한다. 극단이 아닌 중도를 지킬 때에만 가장 이상적인 결과를 얻는다.

245. 방해

지금까지 자신이 살아온 방식으로는 결코 자신이 처한 문제를 개선하지 못한다. 자신의 생각과 말과 행동을 바꾸지 않고 문제를 해결하려고 한다면 원하는 결과를 얻을 수 없다. 새로운 방식이란 대상을 있는 그대로 알아차리는 것이다.

대상을 있는 그대로 알아차리면 바라지 않고 없애려고 하지 않아서 탐욕과 성냄으로 보지 않는다. 탐욕과 성냄으로 보면 대상이 가지고 있는 진실을 아는 마음이 흐려져 어리석게 판단한다.

대상의 실재하는 진실을 알기 위해서는 선입관을 가지고 보지 말고 있는 그대로 알아차려야 한다. 내가 진실을 알지 못하는 것은 남이 나를 방해해서가 아니고 자신의 자존심과 어리석음이 방해하기 때문이다.

246. 지고의 행복

모든 형상은 매순간 일어나서 사라지며 그것을 아는 마음도 일어나서 사라진다. 일어나서 사라지는 것은 괴로움이다. 바라던 물질을 얻었다고 해도 행복은 계속되지 않는다. 물질을 소유한 것을 아는 정신도 매순간 일어나서 사라지고 없다.

물질적 행복으로 인해 얻은 정신적 행복은 얻은 순간에만 경험한다. 물질적 행복은 욕망으로 순간적인 만족에 불과하다. 욕망은 얻은 순간 또 다른 욕망을 일으켜 항상 굶주림에 차있다.

이러한 불만족이 괴로움이다. 그러므로 삶의 본질은 괴로움이고 이것을 피할 수 있는 길은 없다. 오직 자신의 몸과 마음을 통찰하여 무상, 고, 무아를 알아 모든 욕망을 여읠 때에만 지고의 행복을 얻는다.

247. 안팎의 조화

남의 장단에 춤을 추더라도 자기 장단을 가지고 추어야 한다. 남의 장단만 있고 자기 장단이 없으면 아름다운 춤을 출 수 없다. 남의 말을 듣고 행동하더라도 자기 내면의 말에 귀를 기울이면서 행동해야 한다.

남의 말만 있고 자신의 견해가 없으면 바르게 사유할 수 없다. 인생을 사는 것은 남이 아니고 자신이므로 언제나 자신의 의지가 있어야 한다. 자신의 의지로 시작되었다는 사실을 알 때에만 자신이 한 일에 대해 책임을 질 수 있다.

그렇다고 매사에 자신의 의지만 내세워서는 안 된다. 배우는 사람이 되려면 모든 사람의 훌륭한 가르침에 항상 귀를 기울여야 한다. 이처럼 안과 밖이 조화를 이룰 때에만 바른 견해가 생긴다.

248. 형식과 진실

형식에 치우쳐 내용을 간과하면 진실을 알지 못한
다. 형식도 필요하지만 중요한 것은 내용이다. 형식
은 관념이고 내용은 실재다. 관념만 있고 실재가 없
으면 진실에 접근하지 못한다.

밥을 뜨는 밥주걱은 밥맛을 모른다. 국을 뜨는 국자
는 국맛을 모른다. 밥을 먹고 국을 먹는 것을 아는
몸과 마음이 맛을 안다. 밥맛과 국맛을 아는 몸과
마음을 알아차리는 것이 실재를 아는 길이다. 형식
은 진실을 있도록 하는 도구에 불과하지 그것 자체
가 진리는 아니다.

계율도 깨달음을 얻어 피안으로 건너가기 위한 도
구에 불과한 것이라 그것 자체가 진리는 아니다.
'나'라고 할 때도 단지 부르기 위한 명칭이지 그것
자체가 실재하는 진리는 아니다.

249. 법을 보는 자

붓다가 말한 진리는 붓다에 있지 않고 가르침에 있
다. 붓다의 이 가르침이 법(法)이다. 붓다는 '법을
보는 자는 나를 보는 자'라고 했다. 붓다는 자신을
내세우지 않고 자신의 가르침에 진리가 있음을 알
려 개인에 대한 숭배를 금하도록 했다.

붓다에게 복을 빌거나 소원을 성취하려고 기도하는
것은 가르침에 기도하는 어리석은 행위다. 가르침
은 인격이 아니고 하나의 뜻이다. 이러한 뜻은 누구
에게 무엇인가를 줄 수 있는 그런 존재가 아닌 오직
뜻일 뿐이다.

붓다의 가르침은 바른 길로써 그대로 따라서 실천
하면 번뇌를 여의고 자유를 얻을 수 있다. 붓다의
가르침은 번뇌를 여의는 방법이지 이것 자체가 신
통한 힘을 가지고 복을 줄 수는 없다.

250. 의식의 겹

사물의 바른 뜻을 알려면 남의 글을 읽거나 말을 듣는 것으로는 되지 않는다. 남의 글과 말은 관념이라서 진실에 접근하지 못한다. 자신이 직접 체험해서 지혜를 얻어야 진실을 알 수 있다. 그렇지 않고 자신이 아는 것은 단지 생각에 불과하여 바른 뜻을 알 수 없다.

아무리 훌륭한 가르침이 있어도 생각에 그친다면 자기 수준으로 이해할 수밖에 없다. 대상을 아는 마음은 하나지만 의식의 수준은 무수한 겹이 있다. 있는 그대로의 진실을 알기 위해서는 의식의 무수한 겹을 하나씩 벗겨내야 한다.

의식의 겹을 벗기려면 자신의 몸과 마음을 알아차려야 한다. 의식의 겹이 무수하듯이 끊임없는 알아차림으로 무수한 지혜를 얻어야 진실을 안다.

251. 기도와 명상

누군가에게 기도를 한다고 해서 결코 자신에게 은혜를 베풀지 못하며 또 그럴 수도 없다. 이 세상에는 남에게 복을 주는 그런 존재가 없기 때문이다. 자신의 소망을 들어주는 초월적 존재가 있다면 우리는 아무 것도 하지 않고 항상 기도만 해도 무방할 것이다.

이런 존재가 없기 때문에 오직 자신을 의지처로 삼아 자신의 문제를 해결하도록 노력해야 한다. 이것이 자신의 몸과 마음을 알아차려서 청정하게 하는 것이다.

마음이 청정한 상태에서 지혜가 나면 자신이 얻고자 하는 것이 단지 욕망일 뿐이라고 안다. 그래서 기도에 매달리는 것이 얼마나 허망한 것인지 알 수 있다. 남에게 의지하면 남의 노예로 사는 굴종을 감수해야 한다.

252. 받아들임

괴로움은 원인이 있어서 생긴 결과를 받아들이지 못하기 때문에 일어난다. 대상을 있는 그대로 알아차리면 좋거나 싫은 느낌 없이 그냥 받아들이게 된다. 있는 그대로 받아들이면 선한 마음이 일어나 선하지 못한 마음이 자리 잡지 못한다.

받아들이면 남을 사랑할 뿐만 아니라 자신을 학대하지 않는다. 받아들이면 남에게 베푸는 마음이 일어나 서로 간에 돈독함이 생긴다. 받아들이면 상대가 나를 비난해도 화를 내지 않는다.

남이 나를 비난할 때 있는 그대로 받아들이지 않으면 남이 내게 옳은 소리를 하는지 그른 소리를 하는지 판단할 수 없다. 받아들이면 불평을 하지 않고 이해하게 된다. 받아들이면 고요한 마음이 생겨 지혜가 난다.

253. 마음의 기능

인간은 몸과 마음이란 두 가지 요소가 결합하여 산다. 몸은 자기 영역에서 제 기능을 하고, 마음은 자기 영역에서 제 기능을 하며 서로에게 영향을 준다. 두 가지는 하나로 결합되어 있지만 서로의 영역에서 다르게 기능을 하기 때문에 생명이 유지된다.

마음의 기능은 대상을 아는 것이다. 그러므로 대상이 없으면 마음이 일어나지 않는다. 마음이 있는 곳에 대상이 있고, 대상이 있는 곳에 의도가 있다. 의도가 있는 곳에 행위가 있고, 행위가 있는 곳에 선한행위와 불선행위가 있다.

선한행위가 있는 곳에 선과보가 있고, 불선행위가 있는 곳에 불선과보가 있다. 선과보가 있을 때는 행복이 찾아오고, 불선과보가 있을 때는 불행이 찾아온다.

254. 수행의 대상

남을 위해서 수행하지 않는다. 자신을 위해서 수행한다. 스승을 위해서 수행하지 않는다. 자신의 마음을 청정하게 하기 위해서 수행한다. 먼저 자신의 마음을 정화하는 것이 더불어 남을 돕는 것이다.

수행은 자신의 감각기관에 마음을 두고 외부에서 들어오는 대상을 알아차려야 하며, 또 내부에서 일어나는 대상을 알아차려야 한다. 외부에서 들어오는 대상은 눈으로 들어오는 형상, 귀로 들어오는 소리, 코로 들어오는 냄새, 입으로 들어오는 맛. 신체로 들어오는 접촉으로 이것을 있는 그대로 알아차려야 한다.

내부에서 일어나는 대상은 불선심인 탐욕, 성냄, 어리석음과 선심인 관용, 자애, 지혜로 이것을 있는 그대로 알아차려야 한다.

255. 실재하는 진실

몸과 마음을 관념으로 보면 존재가 있어 실체가 있다. 몸과 마음의 실재를 보면 인식만 있어 실체가 없다. 몸이라고 할 때는 부르기 위한 명칭이지 그것 자체가 실재는 아니다. 몸의 실재는 인식할 수 있는 느낌으로 오직 이것만이 실제 하는 진실이다.

명칭은 변하지 않지만 느낌은 매순간 변한다. 변하지 않는 것은 실체가 있지만 변하는 것은 실체가 없다. 이 세상에 변하지 않는 것은 없다. 관념으로 보면 항상 하는 것으로 보인다.

실재를 보면 모든 것이 변하는 진실을 안다. 조금 전의 몸과 마음과 현재의 몸과 마음과 조금 후의 몸과 마음은 모두 다르다. 매순간 변하는 몸과 마음은 고정된 실체가 없어 무상하고 괴로움이며 무아다.

256. 바른 길

바른 길은 만나기도 어렵지만 만났어도 가기가 어렵다. 또 바른 길을 간다고 해도 계속해서 가기가 어려워서 지고의 행복을 얻기는 더욱 어렵다. 바른 길을 만나는 것은 선업의 공덕이 있어야 한다.

선업의 과보가 없으면 결코 바른 길을 발견하지 못한다. 또 이 길을 가려면 선한 마음이 있어야 한다. 이 길을 계속해서 가려면 계율을 지키고 인내를 해야 한다. 정법은 저절로 오지 않고 선한 조건이 성숙되어야 한다.

정법을 만났어도 자신의 습성을 이겨내기 어려우므로 스승의 가르침에 따라 노력해야 한다. 지금까지 가보지 않은 길은 위험이 많아 반드시 안내자가 필요하다. 바른 길을 가는 방법을 모르면 길이 있어도 나의 길이 아니다.

257. 법(法)

모든 대상을 있는 그대로 지켜보는 것을 법이라고 한다. 법은 와서 보라고 있는 그대로의 진실을 드러내고 있다. 법은 형이상학이 아니고 형이하학도 아니다. 법은 철학이 아니면서 으뜸가는 철학이다.

법은 종교가 아니면서 가장 종교답다. 법은 절대 불변하는 영원한 것이 아니고 허무주의도 아니다. 법은 금욕이 아니고 그렇다고 탐욕도 아니다. 법은 염세주의나 낙천주의가 아니고 오직 사실주의다.

있는 그대로 본 법은 모든 것이 끊임없이 변하는 무상이며, 욕망으로 인해서 생긴 괴로움이며, 자신의 몸과 마음을 소유하는 자아가 없어서 무아다. 법을 바르게 알면 어리석음에서 벗어나는 지혜를 얻는다. 오직 지혜만이 자신을 해방시킨다.

258. 닫힌 마음과 열린 마음

자아가 강한 사람이 아는 지식은 자아가 강하지 않은 사람이 모르는 것보다 더 위험한 요소가 있다. 자아가 강한 사람은 자기가 아는 것을 바꾸려 하지 않아 독단적이다. 독단적인 마음은 세상과 소통하지 못하고 자신의 의식에 갇혀 진리를 왜곡한다.

자기가 아는 것이 절대라고 생각하면 자신의 불이익은 물론 타인에게도 나쁜 영향을 준다. 자아가 강하지 않은 사람은 자기가 모르는 것을 부끄러워하지 않아서 언제나 바른 것을 배울 수 있다.

배움에는 알고 모르는 것이 중요하지 않다. 자기가 아는 것에 안주하여 마음을 닫으면 괴로움의 출구를 찾지 못해 불행하다. 새로운 것을 받아들이는 열린 마음을 가지면 지혜를 얻어 행복하다.

259. 위빠사나 수행

위빠사나 수행은 몸과 마음을 어떻게 하려고 알아
차리지 않는다. 단지 대상이 있어서 알아차려야 한
다. 어떻게 하려고 하는 것은 대상에 대해 바라거나
없애려고 하는 행위다. 대상에 개입해서 알아차리
는 것은 위빠사나 수행이 아니다.

위빠사나 수행은 대상과 아는 마음을 분리해서 알
아차리기 때문에 대상에 개입하지 않고 있는 그대
로 알아차린다. 이렇게 알아차릴 때에만 대상이 가
지고 있는 진실을 알 수 있다.

바라는 것은 탐욕이고 없애려는 것은 성냄이다. 탐
욕과 성냄을 가지고 알아차리면 어리석음이 눈을
가리어 궁극의 법을 볼 수 없다. 몸과 마음을 있는
그대로 알아차릴 때에만 대상의 성품인 무상, 고,
무아의 법을 본다.

260. 폭력

폭력은 누구에게나 두려움과 고통을 준다. 만약 내가 다른 사람에게 생각과 말과 행동으로 폭력을 행사했다면 나도 똑같이 남으로부터 생각과 말과 행동으로 폭력의 과보를 받는다.

개인 간의 폭력이나, 집단 간의 폭력이나, 종교 간의 폭력이나, 국가 간의 폭력이나 모든 폭력은 불선행위며 행한 만큼의 과보를 받는다. 교육이나 정의라는 이름으로 행해지는 어떤 폭력도 용서될 수 없다.

모든 것이 예외 없이 행한 대로 결과를 받는다. 폭력적인 말과 행동으로 이익을 얻었다면 이는 결코 이익이 아니고 자신을 어리석게 만든 손실이다. 내가 현재 겪고 있는 모든 괴로움은 애초에 내가 행한 원인으로 인해서 생긴 결과를 받은 것이다.

261. 일어남, 사라짐

모든 것들은 일어나서 사라진다. 일어나서 사라지는 속도와 지속의 차이가 있을 뿐이지 일어난 것은 반드시 사라진다. 인간이 태어나서 죽는 것도 마찬가지다. 가족이나 사회가 하나의 구성원으로 모였다가 흩어지는 것도 이와 마찬가지다.

국가도 탄생했다가 때가 되면 역사의 뒤안길로 사라진다. 사람과의 만남도 결국에는 헤어져야 한다. 사랑과 미움도, 행복과 불행도 예외가 없다. 만들어진 모든 것은 결국 사라지는 과정을 피할 수 없다.

봄이 왔어도 봄은 이내 사라지고 만다. 겨울도 그렇듯 속절없이 흘러간다. 이렇듯 일어났다가 사라지는 것밖에 없는데 과연 나라고 할 것이 있으며 나의 것이라고 할 수 있는 것이 있겠는가?

262. 진실

어떤 사람이 유명하다고 해서 그 사람의 말을 무조
건 믿어서는 안 된다. 어떤 사람이 지위가 높다고
해서 그 사람의 말을 무조건 따라서는 안 된다. 어
떤 사람이 종교인이라고 해서 그 사람의 말을 무조
건 신뢰해서는 안 된다.

어떤 사람이 이것은 오랫동안 지켜온 전통이라고
말한다 해서 무조건 그대로 따라서는 안 된다. 유명
하고 지위가 높고 종교인이고 전통이라고 해서 반
드시 진실을 말하는 것으로 볼 수는 없다.

그렇다고 남이 말하는 것을 무조건 부정해서도 안
된다. 오직 자기 스스로 이성적인 판단을 해서 무엇
이 바른지를 알아야 한다. 진실은 상대에게 있지 않
고 대상을 있는 그대로 알아차려서 생긴 자신의 바
른 견해에 있다.

263. 가르침의 진실

최고의 가르침이라고 해서 무조건 믿고 따라야 한다면 최고의 가르침이 아니다. 최고의 가르침이라고 해서 무조건 순종하면 깨달음을 얻지 못하고 종속적 관계로 전락한다. 최고의 가르침을 펴는 스승에 대한 존경심을 갖되 개인에게 절대적인 권위를 부여하면 진리를 보지 못한다.

진리는 스승에게 있지 않고 스승의 가르침에 있다. 그러므로 가르침과 가르침을 펴는 개인은 구별되어야 한다.

붓다는 자신에 대한 우상화를 부정하고 자신의 가르침에 진리가 있음을 선언했다. 그런 뒤에 누구나 자신이 직접 실천해보고 나서 진실을 판단하도록 했다. 최고의 가르침이 있어도 자기 것이 아니다. 가르침대로 실천해서 지혜가 나야 자기 것이다.

264. 완전한 정의

세상에는 정의도 있고 불의도 있다. 바른 사회는 정의가 많고 바르지 못한 사회는 불의가 많다. 이 나라는 정의가 죽고 불의가 판을 치기 때문에 다른 나라로 떠나고 싶다는 사람이 있다.

그러나 다른 나라라고 해서 반드시 정의가 살아 있고 불의가 없다고 장담할 수 없다. 어디서나 정의로운 자는 정의를 펴지만 불의를 일삼는 자에게는 불의가 정의다. 다양한 사람이 혼재한 세속에서는 완전한 정의를 구현하기 어렵다. 오직 출세간에서만 완전한 정의를 구현할 수 있다.

완전한 정의는 세속이 아닌 자신의 마음에서 얻어야 한다. 정의와 불의에 휩쓸리지 않고 대상을 있는 그대로 알아차리는 마음에서만 완전한 정의와 자유를 구현할 수 있다.

265. 바른 노력

노력도 하지 않고 얻으려는 것이 어리석음이다.
조금 노력하고 많이 얻으려는 것이 탐욕이다. 노
력했는데 얻지 못했다고 불평하는 것이 성냄이다.
알맞은 노력을 하고 합당한 결과를 기다리는 것이
지혜다.

노력이 부족하면 게으르고 노력이 지나치면 들뜨고
노력이 적절해야 바른 노력이다. 바른 노력은 먼저
대상을 알아차리고 다음으로 알아차림을 지속하는
것이다. 마음이 대상을 떠나지 않고 머물도록 노력
해야 고요함이 생겨 통찰지혜가 난다.

바른 노력은 선하지 못한 마음이 일어나지 못하도
록 하고, 일어난 선하지 못한 마음은 사라지도록 해
야 한다. 또 선한 마음이 일어나도록 하고, 일어난
선한 마음은 더욱 커지도록 해야 한다.

266. 미운 사람

미운 사람을 계속해서 미워하는 것은 미워하는 것을 좋아하는 탐욕이 있기 때문이다. 미워할 때 일어나는 분노가 자신의 몸과 마음을 불태우므로 남을 미워하는 것은 가장 어리석은 행위다.

남을 미워하는 것이 습관이 되면 미워하는 것으로 자존감을 충족하기 때문에 불행한 삶을 산다. 화의 근원은 탐욕과 어리석음 때문이지만 더 본질적인 문제는 자아에 있다. 무엇이나 자기 뜻대로 되지 않을 때 화를 내고 상대를 미워한다.

상대가 미울 때는 오히려 더 적극적으로 상대에게 베풀어야 한다. '미운사람 떡 하나 주면' 자신이 행한 관용으로 인해 스스로 만족한다. 스스로 만족할 때에만 미움이 사라지고 상대를 받아들이는 관용이 생긴다.

267. 무상의 지혜

위빠사나 수행자가 몸과 마음을 알아차려서 얻는 지혜는 무상으로부터 시작된다. 일어나서 사라지는 것은 자신의 의도와 상관없는 현상계의 질서다. 무상을 모르고 사는 백년보다 무상을 알고 사는 하루가 더 낫다.

무상을 모르면 어리석음과 욕망의 늪에서 벗어나지 못한다. 무상을 알면 어리석음과 욕망의 늪에서 벗어날 수 있다. 무상의 지혜가 나면 필연적으로 괴로움의 지혜가 성숙된다. 사는 것이 괴로움이라는 진실을 알면 괴로움에서 벗어나려는 강력한 의도가 일어난다.

내가 있어서 괴로움을 해결할 수 없다는 진실을 알면 무아의 지혜가 난다. 무상으로 시작된 지혜가 괴로움의 지혜와 무아의 지혜로 완성될 때 모든 번뇌가 소멸한다.

268. 유산의 상속

과거의 정신과 물질로 인해 생긴 유산을 받아 현재가 있다. 다시 현재의 정신과 물질이 유산을 남겨 미래가 있다. 유산은 원인과 결과의 상속이다. 마음은 일어난 순간에 사라지지만 마음에 담긴 종자가 다음 마음을 일으켜 유산이 상속된다.

여기에 자아는 없고 오직 원인과 결과의 흐름만 있다. 과거와 현재와 미래의 지속은 초월적 존재의 힘에 의해 흐르지 않고 오직 자체의 힘으로 지속된다. 이처럼 과거가 현재가 되고 현재가 미래가 되고 다시 미래가 현재가 되어 유산이 상속되는 것이 윤회다.

현재의 괴로움은 이미 과거의 원인으로부터 시작되었다. 하지만 과거와 같은 원인을 만들지 않으면 현재와 미래의 괴로움은 일어나지 않는다.

269. 흐름의 차단

연기는 상호의 소통이 아니고 윤회의 흐름이다. 소통은 상호간에 막힘이 없는 교류로 바람직한 순환이다. 하지만 연기의 흐름은 어리석음과 욕망이 상속되는 것으로 바람직한 순환이 아니다.

연기의 원인과 결과를 아는 지혜는 연기의 흐름을 소통시키기 위한 것이 아니고 연기의 흐름을 차단하기 위한 것이다. 누구나 감각기관을 통해서 느낌이 일어날 때마다 갈애가 일어나면 윤회를 한다.

느낌이 일어날 때마다 갈애가 일어나지 않고 순수한 느낌을 유지하면 연기가 회전하지 않아 윤회가 끝난다. 연기의 지혜는 무명과 갈애를 가지고 원인과 결과대로 살기 위한 것이 아니다. 윤회의 흐름을 끊어 다시 태어나지 않도록 하기 위한 것이다.

270. 현상계의 질서

어려서 먹는 음식은 성장을 돕지만 늙어서 먹는 음식은 쇠퇴를 돕는다. 같은 힘이라도 일어나는 데 쓰였으면 반드시 사라지는 데도 쓰인다. 생명은 살기 위해서 태어났지만 태어나는 순간부터 죽기 위해 산다.

인간이 지닌 모든 것은 일어나서 사라지는 질서의 범주 안에 있다. 일어나서 사라지는 질서의 범주를 벗어나 영원히 존재하는 것은 어디에도 없다. 내가 소유한 것을 영원히 지니고 싶지만 자신의 의지대로 되지 않는다.

나의 생명이나 내가 소유한 모든 것을 계속 지니고 싶다면 현상계의 질서를 거스르는 어리석음과 욕망일 뿐이다. 현상계의 질서를 받아들이면 괴롭거나 두렵지 않고 받아들이지 못하면 괴로움과 두려움으로 산다.

271. 무아의 깨달음

생존의 특성인 무상, 고, 무아를 아는 것이 깨달음
이다. 존재하는 생명의 특성을 알면 탐욕, 성냄, 어
리석음의 번뇌가 소멸하여 느낌에서 갈애로 넘어가
지 않는다. 이것이 열반에 이르는 유일한 길이다.

해탈의 길에 이르기 위해서는 먼저 자신의 몸과 마
음을 알아차려야 한다. 마음이 자신의 감각기관을
알아차리지 않고 감각대상으로 나가서 알아차리면
몸과 마음이 가지고 있는 진실을 알 수 없다.

마음이 밖으로 나가서 감각대상에 주의를 기울일
때는 내가 본다는 선입관으로 보기 때문이다. 자신
의 몸과 마음을 대상으로 알아차릴 때에만 내가 본
다는 선입관 없이 볼 수 있다. 오직 이렇게 알아차
릴 때에만 무아의 깨달음을 얻는다.

272. 알고, 말고

대상을 있는 그대로 알아차릴 때에만 대상의 진실을 알 수 있다. 이렇게 알아차리려면 대상에 개입하지 않고 하나의 현상으로 알아차려야 한다. 나타난 모든 대상을 하나의 현상으로 분리해서 알아차리는 수행을 해야 법을 볼 수 있다.

마음이 몸을 알아차릴 때는 몸과 마음이 서로 분리되어야 한다. 대상과 대상을 아는 마음이 하나가 되면 근본집중이 되어 선정의 고요함만 있다. 대상과 아는 마음이 분리되면 찰나집중이 되어 통찰지혜를 얻는다.

수행자가 대상에 개입하지 않고 알아차리려면 알고, 말고, 알고, 말고를 계속해야 한다. 이때의 알아차림은 대상을 어떻게 하려고 알아차리는 것이 아니고 단지 아는 것으로 그치고 말아야 한다.

273. 고생

고생이 없기를 바라지 마라. 사는 것이 고생이다.
고생하는 것을 감사하게 여겨라. 살아있어서 고생
을 한다. 죽으면 고생도 할 수 없다. 고생을 기꺼이
받아들여라. 고생이 나를 어리석음에서 깨어나게
한다. 고생이 있어서 낙이 있다. 고생이 없으면 낙
도 없다.

사는 것은 아슬아슬하기 짝이 없는 과정의 연속이
다. 과거에도 아슬아슬했고 현재도 아슬아슬할 뿐
만 아니라 미래에도 아슬아슬하게 산다. 위험은 언
제 어디서나 일어날 수 있다. 그처럼 숱한 위험을
이겨내고 지금까지 살아왔다는 것 자체가 승리가
아닐 수 없다.

그러므로 살아있는 것에 감사해야 한다. 지금 내가
살아있어서 고생을 이겨내고 위대한 법의 맛을 볼
수 있지 않은가?

옹달샘

10

윤회의 출구

무엇이나 바라는 마음으로 하면 욕망으로 한다.
없애려는 마음으로 하면 성냄으로 한다.
바라면 얻겠지만 욕망으로 하면 만족할 수 없어 더 집착한다.
없애려고 하면 없어지겠지만 다시 나타난 것을 또 없애야 하기 때문에
성냄이 더 커진다.

274. 계율은 수단이다

계율을 지킨다고 해서 즉각 깨달음을 얻는 것이 아
니다. 계율을 지키면 몸과 마음이 청정해져 고요함
이 생긴다. 이 고요함이 지속되었을 때 지혜가 나서
깨달음을 얻는다.

계율을 지킨 청정한 마음으로 인해 무상, 고, 무아
의 지혜가 나면 탐욕, 성냄, 어리석음의 번뇌가 소
멸하여 열반에 이른다. 계율은 궁극의 법을 보기 위
한 수단이지 이것 자체가 목적은 아니다.

붓다께서 반열반에 드실 때 '내가 죽으면 소소한 계
율은 없애도 좋다'고 하셨다. 이 가르침의 뜻은 계
율은 필요한 것이지만 피안으로 건너가는 뗏목과
같아 깨달음을 얻기 위한 도구로 사용하라는 것이
다. 계율은 도덕적 덕목이지만 지나치게 집착하면
법을 보지 못한다.

275. 두 배의 기쁨

인간은 선한 마음과 선하지 못한 마음을 함께 가지고 있다. 남이 기뻐하는 일을 함께 기뻐하는 것은 선한 마음이다. 남이 기뻐하는 일을 시샘하는 것은 선하지 못한 마음이다. 남의 기쁨을 함께 기뻐하지 못하면 나의 기쁨이 있어도 온전하게 누리지 못하는 불행한 사람이다.

인간으로 태어난 사명은 자신이나 남을 사랑함으로써 모두가 행복할 수 있도록 하는 것이다. 남의 기쁨을 함께 기뻐하려면 먼저 자신의 이기적 욕망을 버리고 남을 사랑하는 마음을 가져야 한다.

그리고 남의 괴로움에는 연민의 마음을 가져야 한다. 이런 마음일 때만 남의 기쁨을 함께 기뻐할 수 있다. 남의 기쁨을 함께 기뻐하면 항상 두 배의 기쁨을 가지고 산다.

276. 잘못된 진실

무엇인가를 설명할 때 하나의 예를 든다. 예는 진실
이 아니고 설명하기 위한 수단이다. 어떤 대상을 부
를 때 명칭을 붙인다. 이때의 명칭은 단지 부르기
위한 것으로 실재가 아니다.

남들이 이런 저런 말을 하는 것도 자신의 생각에 불
과한 것으로 진실과는 거리가 있다. 이처럼 방편을
위해 설정한 것은 모두 관념이다. 하지만 편의상 사
용하던 것들이 오랫동안 통용되면 하나의 진실로
인식된다.

가장 대표적인 관념은 '나'라고 하는 것이다. 나는
부르기 위한 명칭인데 실재하는 나로 잘못 인식하
고 있다. 인간의 모든 고통은 내가 있다는 견해에
기인한다. 누구나 관념의 두꺼운 벽을 깨고 무아의
진실을 발견할 때에만 완전한 자유를 얻는다.

277. 선한 마음

선한 마음은 저절로 일어나지 않는다. 선한 마음을 갖으려는 의도와 부단한 노력과 끊임없는 인내가 있어야 선한 마음이 일어난다. 선한 마음을 갖는데 종교인이거나 사회적 지위가 필요하지 않다.

빈부의 차이나 남녀의 구별이 필요한 것도 아니다. 오직 자신이 선하고자 하는 의도를 가지고 선한 행위를 실천할 때에만 선한 마음이 일어난다. 자신의 의식 속에 저장된 선한 마음을 계발하는 것은 지하에 있는 광맥을 계발하는 것보다 더 쉽고 가치 있는 일이다.

물론 훌륭한 스승이나 벗을 만나는 것도 선한 마음을 갖는데 중요한 계기가 된다. 하지만 어떤 상황에서나 오직 자신의 의도가 있을 때에만 선한 마음을 가질 수 있다.

278. 문제의 답

문제가 있는 곳에 항상 답도 있다. 문제를 해결하려
고 노력하는 것은 일시적인 방편으로 언제나 미봉
책에 불과하다. 하지만 가장 완벽한 답은 어떤 문제
나 있는 그대로 알아차려서 받아들이는 것이다.

있는 그대로 알아차려서 생긴 고요함으로 사물의
이치를 아는 통찰지혜를 얻으면 거미줄에 걸리지
않는 바람처럼 모든 문제를 관통한다. 그러면 어떤
문제에 대해서나 걸림 없이 초연해 질 수 있다.

그렇지 않고 문제를 해결하려고 한다면 탐욕과 성
냄으로 대하게 되어 어리석은 결과만 남는다. 이미
원인이 있어서 생긴 결과는 누구도 돌이킬 수 없다.
오직 나타난 결과를 있는 그대로 알아차려서 받아
들이는 것만이 최상의 선택이다.

279. 최상의 지혜

모든 대상과 접촉할 때 마음이 밖에 있는 감각대상
으로 나가면 좋거나 싫은 것으로 반응한다. 이런 반
응은 자신의 고정관념으로 내린 판단이라서 진실이
아니다. 진실이 아닌 것을 진실로 판단하는 것은 어
리석은 행위다.

수행자는 자신의 감각기관에 마음을 둔 뒤 대상을
있는 그대로 알아차려야 통찰지혜를 얻는다. 이렇
게 알아차릴 때에만 눈으로 형상을 보고 반응하지
않는다. 귀로 소리를 듣고 반응하지 않는다. 코로
냄새를 맡고 반응하지 않는다. 혀로 맛을 느끼고 반
응하지 않는다. 몸으로 접촉하고 반응하지 않는다.

5가지 감각기관의 문을 닫은 뒤에 오직 대상을 아는
마음의 문만 열어 둘 때 최상의 지혜가 열려 자유를
얻는다.

280. 윤회의 출구

무엇이나 바라는 마음으로 하면 욕망으로 한다. 없애려는 마음으로 하면 성냄으로 한다. 바라면 얻겠지만 욕망으로 하면 만족할 수 없어 더 집착한다. 없애려고 하면 없어지겠지만 다시 나타난 것을 또 없애야 하기 때문에 성냄이 더 커진다.

누구나 바라는 마음과 없애려는 마음으로 산다. 그래서 끝없이 집착하고 계속 화를 내면서 어리석음으로 산다. 이 두 가지 마음이 괴로움뿐인 윤회를 하게 한다. 바라고 없애려는 마음을 가지고 있는 한 윤회를 끝낼 수 있는 출구를 찾지 못한다.

바라지 않고 없애려 하지 않고 대상을 있는 그대로 알아차릴 때에만 무상, 고, 무아의 지혜가 난다. 오직 이러한 깨달음만이 고단한 삶의 여정을 끝낸다.

281. 바른 견해

바른 견해는 바르게 이해하는 것이다. 바른 이해는 먼저 자신의 몸과 마음을 아는 것부터 시작한다. 자신의 몸과 마음이 있어서 사는 세상에 자신의 몸과 마음을 아는 것이 가장 우선이다.

몸과 마음은 원인이 있어서 생긴 결과다. 과거의 원인이 없으면 현재의 결과가 없다. 몸과 마음은 매순간 일어나고 사라진다. 모든 것은 변하는 성질을 가지고 있어 무상하다. 몸과 마음이 존재하는 것은 괴로움이다. 몸과 마음을 소유하거나 자기 마음대로 할 수 없어 무아다.

바른 견해가 생기면 이기심이 사라지고 탐욕과 성냄이 소멸한다. 바른 견해로 바른 말을 하고 바른 행동을 하고 바른 직업을 가지면 완전한 인격이 형성되어 자유를 얻는다.

282. 두 가지 진리의 결합

진리는 일어나는 진리와 소멸하는 진리가 있다. 두 가지 진리의 결합에 의해 진실이 완성된다. 일어나는 진리는 괴로움이 있는 것과 괴로움의 원인은 집착이라는 사실이다. 소멸하는 진리는 괴로움은 열반에 의해서 소멸되며 이것의 완성을 위해 팔정도를 실천하는 것이다.

일어나는 진리는 윤회계의 질서며 소멸하는 진리는 윤회계를 벗어나는 출세간의 질서다. 진리는 언제나 드러나 있지만 어리석음이 눈을 가리어 볼 수 없다. 오직 대상을 있는 그대로 알아차릴 때에만 진리가 드러난다.

진리는 논쟁의 여지가 없으며 시간과 장소의 구애를 받지 않는다. 진리는 신이 아닌 인간에게 있으므로 오직 자신의 내면을 통찰할 때 발견할 수 있다.

283. 향상된 삶

자신이 바뀌지 않고서는 어리석음에서 벗어나지 못해 괴롭게 살아야 한다. 자신의 몸과 마음에서 일어나는 일을 있는 그대로 알아차릴 때에만 마음이 바뀐다. 탐욕이 있을 때 탐욕이 있는 것을 알아차려야 탐욕의 굴레에서 벗어난다.

화가 났을 때 화가 난 것을 알아차려야 화의 굴레에서 벗어난다. 어리석음이 있을 때 어리석음이 있는 것을 알아차려야 어리석음의 굴레에서 벗어난다. 자신의 감각기관에서 일어나는 일은 다른 사람이 바꿀 수 없고 자신의 노력으로 바꿀 수 있다.

이번 생에 인간으로 태어난 사명은 과거의 잘못된 과보를 물려받아서 그대로 살기 위한 것이 아니다. 과거보다 더 향상된 삶을 살려면 먼저 자신이 바뀌어야 한다.

284. 답은 지혜다

밖에서 답을 구하지 마라. 답은 항상 자신의 마음에 있다. 어떤 상황에서나 대상을 받아들여서 결정하는 것은 남이 아닌 자신의 마음이다. 답은 대상을 있는 그대로 알아차려서 생긴 지혜로써만이 얻을 수 있다.

스승에게 답이 있는 것이 아니다. 스승의 가르침을 실천해서 지혜가 나야 비로소 바른 답을 얻을 수 있다. 누구나 자신의 수행상태에 따라 단계적 과정의 지혜가 성숙된다. 있는 그대로 알아차리는 수행을 해서 완전한 지혜가 나기 전까지는 완전한 답을 얻기가 어렵다.

그러므로 자신이 지혜를 얻었다고 해도 단계적 과정의 지혜에 불과하다. 자신이 얻은 지혜에 머물러 만족해서는 사물을 통찰하는 완전한 지혜를 얻지 못한다.

285. 갈애(渴愛)

무엇이 자신을 괴롭히고 다시 태어나게 하는가? 갈애(渴愛)가 자신을 괴롭히고 다시 태어나고 죽는 것을 거듭하게 한다. 갈애는 몹시 갈망해서 집착하는 마음이다. 갈애는 느낌을 원인으로 일어난다.

갈애는 감각적 욕망에 대한 갈애와, 존재에 대한 갈애와, 비존재에 대한 갈애가 있다. 감각적 욕망에 대한 갈애는 여섯 가지 감각기관으로 들어오는 모든 즐거움을 집착한다. 존재에 대한 갈애는 부귀영화를 누리고 다음 생에 좋은 세상에 태어나기를 집착한다. 비존재에 대한 갈애는 허무주의에 빠지거나 삶을 비관하여 죽는 것을 집착한다.

세 가지 갈애는 모든 사람들의 뿌리 깊은 정신적 요소로써 삶을 고통으로 이끌고 윤회를 하게 한다.

286. 나타난 법

선하지 못한 마음과 선하지 못한 행위는 없애야 할
대상이 아니고 단지 알아차릴 대상이다. 이미 생겨
난 모든 것은 와서 보라고 나타난 법이다. 나타난
법을 대상으로 볼 때에만 개입하지 않고 분리해서
알아차리게 되어 걸림이 없는 이상적인 결과를 얻
을 수 있다.

선하지 못한 마음과 선하지 못한 행위를 없애려고
하면 또다시 탐욕과 성냄을 일으키게 된다. 그러면
흙탕물을 없애려고 다시 흙탕물을 끼얹는 꼴이 된
다. 무엇이나 생길 수밖에 없어서 생긴 현상이라면
있는 그대로 알아차려야 한다.

이것이 잘못을 개선할 수 있는 가장 확실한 방법이
다. 대상을 있는 그대로 알아차리는 것이 팔정도의
중도며 위빠사나 수행의 알아차림이다.

287. 결과

좋은 일을 했다고 반드시 좋은 결과만 있는 것이 아니다. 좋은 일도 욕망으로 하면 오히려 괴로움을 겪는다. 또 좋은 일을 하고 남에게 과시하거나 스스로 도취되면 어리석음에 빠진다. 물론 좋은 일을 하면 좋은 과보가 생긴다.

하지만 바라는 마음으로 하거나 자만에 빠지면 좋은 과보가 아닌 좋지 않은 과보도 받는다. 좋은 일도 바라는 마음 없이 단지 필요해서 해야 한다. 바라는 마음 없이 했을 때에만 어떤 결과에 대해서도 자유로울 수 있다.

바라는 마음 없이 좋은 일을 해도 반드시 좋은 결과만 있지 않다. 자신이 과거에 한 행위가 좋은 일도 있고 나쁜 일도 있었기 때문에 언제나 좋은 과보 뒤에 나쁜 과보가 나타날 수도 있다.

288. 행복한 사람

당하고 사는 사람은 바보가 아닙니다. 당하고 사는 사람은 현명한 사람입니다. 부당한 일을 있는 그대로 받아들이는 사람은 어리석은 사람이 아닙니다. 어쩔 수 없이 생긴 일을 있는 그대로 받아들이면 지혜가 있는 사람입니다.

어떤 대상이나 있는 그대로 알아차리는 것은 당하는 것이 아닙니다. 오히려 새로운 정신세계를 향해서 가는 숭고한 발걸음입니다. 부당한 일을 있는 그대로 알아차리면 부당한 일에 복종하는 것이 아닙니다. 오히려 부당한 일에 걸리지 않고 자신의 행복을 찾는 사람입니다.

이 세상은 온통 부당한 일로 넘쳐납니다. 그런 일에 걸리면 행복을 도둑맞습니다. 오직 있는 그대로 알아차릴 때에만 행복을 얻습니다.

289. 미움

남을 미워하지 마십시오. 상대에게 바라는 마음이 있어서 미워합니다. 바라는 마음은 자기가 세운 기준입니다. 자기 기준을 세우고 거기에 미치지 못해서 미워하는 것은 이기적인 마음입니다.

남을 미워하는 마음은 자신을 미워하는 마음이 되게 합니다. 남과 자신을 모두 미워하는 마음보다 더 어리석은 마음은 없습니다. 미워하는 마음의 가장 큰 피해자는 자신입니다. 남을 미워하는 순간 자신의 몸과 마음이 펄펄 끓는 물이 되고, 타오르는 분노의 불이 됩니다.

자신의 어리석음이 모든 상황을 더 심각하게 만듭니다. 미워하는 마음에는 사랑이 없습니다. 사랑이 없으면 언 땅을 녹여 새싹이 돋게 하지 못합니다. 미움의 끝은 절망입니다.

290. 미운 마음

상대를 바꾸고 싶으면 상대를 이해해야 한다. 상대를 이해하려면 대상으로 알아차려야 한다. 또 자신의 미움을 상대에게 보내지 말고, 상대를 보는 자신의 마음을 알아차려야 한다. 자신의 마음이 고요해지면 대상의 성품을 보아 문제해결의 출구를 찾는다.

누구나 가지고 있는 문제는 어제 오늘에 생긴 일이 아니다. 오랜 기간 동안 지속되어온 습관은 축적된 성향에서 나온다. 축적된 성향은 잠재의식이라서 바뀌기 어렵다. 하지만 자신의 결연한 의지로 노력을 하면 바뀔 수 있다.

상대가 스스로 바꿀 수 있도록 도우려면 오직 사랑으로 감싸 안아야 한다. 상대에게 미운마음을 가지고 있는 한 상대가 변하기 전에 자신이 먼저 죽는다.

291. 마음

마음이 모든 것을 이끌지만 매순간 변하기 때문에 믿을 것이 못된다. 조금 전의 마음과 현재의 마음이 다르며 현재의 마음과 조금 이후의 마음이 다르다. 마음이 바뀌면 자연스럽게 마음의 내용도 바뀐다.

선한 마음이 있어도 항상 선한 채로 있지 않다. 선하지 못한 마음이 있어도 항상 선하지 못한 채로 있지 않다. 마음은 여러 가지 조건에 따라 변하지만 과거로부터 전해진 과보의 영향을 받아 변하기도 한다.

마음은 내 마음이 아니라서 자신의 의도대로 조절되지 않는다. 항상 변하는 성질의 마음을 선하게 하려면 수행을 해서 지혜가 나야 한다. 마음이 무상하고 무아라고 알아야 마음으로 인해서 생기는 어리석음에서 벗어날 수 있다.

292. 들뜸과 고요함

마음이 들뜬 사람은 무슨 일이나 참지 못하고 쉽게 판단한다. 마음이 들떠있을 때는 자신의 고정관념으로 판단하거나 감각적 욕망을 가지고 판단하여 대상이 가지고 있는 진실을 보지 못한다. 들뜬 마음은 항상 어리석음과 양심 없음과 수치심 없음과 함께 있다.

이상의 네 가지 마음으로 하는 행위는 선하지 못한 행에 속해 모든 괴로움의 원인을 제공한다. 마음이 고요한 사람은 무슨 일이나 참고 견디어서 사려 깊게 판단한다.

마음이 고요할 때는 고정관념 없이 판단하거나 감각적 욕망 없이 판단하여 대상이 가지고 있는 진실을 본다. 수행자가 자신의 몸과 마음을 알아차리면 들뜬 마음이 고요한 마음이 되어 어리석음이 지혜로 바뀐다.

293. 무아(無我)

나는 있는가? 내가 있으면 내 마음을 내 뜻대로 할
수 있어야 한다. 선한 사람이 선한 행동만 하지 않
는다. 선하지 못한 사람이 선하지 못한 행동만 하지
않는다. 선한 마음을 가졌어도 과거에 선하지 못한
행위를 한 불선과보로 선한 마음만 가질 수 없다.

선하지 못한 마음을 가졌어도 과거에 선한 행위를
한 선과보로 선하지 못한 마음만 가질 수 없다. 자
신의 의지와 상관없이 일어나는 마음은 나의 마음
이 아니다. 단지 순간의 조건에 의해서 일어나고 사
라지는 마음만 있다.

내가 아는 마음은 내가 아는 것이 아니고 감각기관
의 조건에 의해 알 뿐이다. 눈으로, 대상을 보고, 빛
에 의해, 형상을 아는 조건에 나는 없고 단지 마음
만 있다.

294. 괴로움의 불씨

괴로울 때 괴로움을 없애려 하거나 다른 감각적 욕
망을 충족하는 것으로는 괴로움이 소멸되지 않는
다. 괴로움은 원인이 있어서 생긴 결과로 원인이 제
거되지 않으면 사라지지 않는다.

괴로움을 완전하게 소멸시키려면 몸과 마음을 알아
차려서 생긴 집중의 고요함으로 지혜를 얻어야 한
다. 괴로울 때는 먼저 괴로운 마음을 알아차려야 한
다. 그런 뒤에 가슴으로 와서 괴로움으로 인해서 생
긴 콩닥거리는 느낌을 알아차리거나 호흡을 알아차
려야 한다.

이렇게 알아차려서 고요함을 얻으면 괴로움이 하찮
은 것에 불과하고 나의 것이 아니라는 지혜가 난다.
괴로움은 무상, 고, 무아의 지혜가 아닌 다른 방법
으로는 결코 불씨를 꺼트리지 못한다.

295. 아지랑이

얻었다고 너무 기뻐하지 마십시오. 얻은 것은 영원
히 머물지 않고 언젠가 반드시 사라집니다. 얻은 것
에 취하면 사라진 것에 괴로움을 느낍니다.

얻었을 때 단지 얻은 것을 알아차리면 사라졌을 때
괴롭지 않습니다. 얻은 것을 기뻐하지 않으면 얻지
못했을 때 괴롭지 않습니다. 얻은 것이 사라지면 얻
었을 때 느끼지 못한 진실의 눈을 뜹니다.

모든 것이 일어났다가 사라지는 것을 아는 무상의
지혜가 났을 때에만 마음의 평화를 얻습니다. 태어
났다가 죽는 것이 그렇습니다. 모든 만남과 헤어짐
이 그렇습니다. 이기고 지는 것이 한낱 아지랑이처
럼 일어났나가 사라지는 과정일 뿐입니다. 그럼에
도 아직도 집착을 하여 괴로움 속에서 삽니다.

296. 속박

대상을 있는 그대로 알아차리는 가르침은 오직 괴로움에서 벗어나도록 하는 것이 전부다. 바른 가르침을 몰라서 괴로움을 겪지만 가르침을 알아도 괴로움을 겪는다. 바른 가르침이 있어도 생각으로 알면 바른 가르침이 아니다.

가르침을 생각으로 아는 것도 가치가 있지만 가르침을 실천할 때 바른 가르침이 된다. 바른 가르침을 알아도 실천하지 못하는 것은 자신이 가진 견해의 속박에서 벗어나지 못하기 때문이다.

자신이 만든 속박은 탐욕, 성냄, 잘못된 관계와 의식에 빠짐, 자신의 선입관을 진리로 고수하는 것이다. 남이 나를 구속하는 것이 아니고 자신의 견해가 구속한다. 자신을 속박하는 것을 부수는 것은 자신만이 할 수 있다.

297. 업의 과보

마음이 있는 생명은 모두 자신이 지은 대로 받는다.
선한 행위를 하면 선한 과보를 받고, 선하지 못한
행위를 하면 선하지 못한 과보를 받는다. 모든 생명
중에서 오직 인간만 스스로 노력해서 새로운 업을
만들 수 있다.

어리석은 사람들은 타고 태어난 대로 산다. 지혜가
있는 사람은 선한 행위를 해서 새로운 과보를 만든
다. 행복과 불행은 누가 주는 것이 아니고 자신이
한 행위에 따른 결과로 얻는다.

인간은 모든 생명 중에서 가장 강한 마음을 가지고
있다. 누구나 스스로 지옥에 갈만한 잔인한 마음을
가질 수 있고 천상에 갈만한 선한 마음을 가질 수
있고 윤회를 벗어나는 지혜로운 마음을 가질 수 있
다. 선택은 오직 자신의 몫이다.

298. 행복을 누리는 사람

행복을 누리는 사람은 비록 자신의 마음속에 탐욕이 있지만 탐욕이 있는 것을 알아차려서 탐욕 없이 산다. 탐욕이 있는 사람들에게도 똑같이 탐욕으로 대응하지 않고 관용을 보인다.

탐욕이 없으면 무슨 재미로 살 것인가 걱정하지 마라. 탐욕으로 얻은 즐거움이 오히려 괴로움을 일으킨다. 탐욕 없이 얻는 즐거움이 괴로움을 가져오지 않고 깨끗한 행복을 준다. 행복을 누리는 사람은 비록 자신의 마음속에 화가 있지만 화가 있는 것을 알아차려서 화를 내지 않고 산다. 화를 내는 사람들에게도 똑같이 화로 대응하지 않고 사랑을 보낸다.

악한 의도를 가지면 화를 내게 되어 분노의 불길이 스스로를 해치고 남을 해쳐 모든 것을 파괴한다.

299. 괴로움의 소멸

이 세상에 태어난 이상 괴로움은 있습니다. 그러므로 괴로움은 나만의 것이 아니고 누구나 겪고 있는 일상의 일입니다. 문제는 이 괴로움은 내가 선택한 것이라는 사실입니다.

과거에 어리석음과 욕망을 가져서 생긴 원인이 나를 이 세상에 태어나게 했습니다. 지금도 나의 어리석음과 욕망이 이 세상을 살게 하여 괴로움을 지속시킵니다. 이러한 괴로움은 내가 어리석음과 욕망을 버리지 않는 한 앞으로도 계속될 것입니다.

내가 선택한 괴로움은 오직 나의 힘으로만 끊을 수 있습니다. 괴로움을 있는 그대로 알아차리면 괴로움이 대상이 됩니다. 괴로움이 대상이 될 때 무명이 사라지고 괴로움의 원인을 끊는 지혜가 나 괴로움이 소멸합니다.

300. 감각적 욕망

감각적 욕망을 집착하면 삶의 방황이 끝나지 않는다. 감각적 욕망을 집착하지 않으면 삶의 방황이 끝난다. 감각적 욕망을 집착하면 어리석음이 눈을 가려 갈 길을 모른다. 감각적 욕망을 집착하지 않으면 지혜의 눈을 떠 갈 길을 안다.

갈 길을 모르는 사람은 항상 두려움 속에서 불안하게 산다. 갈 길을 아는 사람은 항상 두려움이 없어 평안하게 산다. 좋아하고 싫어하는 마음이 있으면 장애가 나타난다. 좋아하고 싫어하는 마음이 없으면 법을 발견하여 번뇌가 소멸한다.

대상을 있는 그대로 알아차리지 못하면 감각적 욕망에 이끌려 괴로움뿐인 윤회를 한다. 대상을 있는 그대로 알아차리면 출세간의 지혜가 나 괴로움뿐인 윤회가 끝난다.

301. 확신에 찬 믿음

수행은 습관적으로 사는 길이 아닌 새로운 정신세계를 향해서 가는 험난한 길이다. 수행자가 진리를 향해서 가려는 굳건한 결심을 해야 수행 중에 나타나는 모든 장애를 헤쳐 나갈 수 있다.

굳건한 결심은 확신에 찬 믿음에서 나온다. 확신에 찬 믿음을 가지려면 반드시 스승의 가르침대로 몸과 마음을 알아차리는 체험을 해야 한다. 체험이 없는 맹목적인 믿음을 가지면 어리석음이 눈을 가려 진실을 보지 못한다.

진실을 보려면 믿음이 산처럼 움직이지 않아야 어떤 바람에도 흔들리지 않는다. 믿음이 앞에서 이끌어야 노력과 알아차림과 집중을 할 수 있어 통찰지혜가 난다. 수행을 해서 생긴 믿음이 지혜와 결합할 때 궁극의 진리에 이른다.

302. 윤회의 고통

나는 알 수 없는 오랜 과거부터 나고 죽는 생명으로 태어나 끝없는 윤회를 한다. 태어났으면 반드시 죽어야 하는 삶을 거듭하는 동안 때로는 지옥에서 태어나 생을 마감한 적도 있다. 때로는 축생, 아귀, 아수라로 태어나기도 했다.

때로는 욕계, 색계, 무색계 천상의 생명으로 태어나기도 했다. 이번 생은 인간으로 태어나 죽음을 기다리고 있다. 붓다에 의해 밝혀진 존재의 세계는 모두 31개가 있다.

그동안 나고 죽으면서 흘린 피와 눈물은 바다를 이루고 뼈는 산을 이룬다. 이것을 모르기 때문에 아직도 다시 태어나는 감각적 욕망을 버리지 못한다. 오늘의 고통에서 과거와 미래의 고통을 보고 다시 태어나지 않는 지혜를 얻어야 한다.

303. 탐욕

탐욕은 나팔을 불고 요란한 소리를 내며 오지 않습니다. 탐욕은 고양이처럼 소리 없이 다가와 날쌔게 물어버립니다. 탐욕은 종이에 물이 번지듯이 신속하게 젖습니다. 어리석으면 탐욕이 오는 것을 알지 못합니다.

탐욕의 늪에 빠져 살면 탐욕의 실재를 알 수 없습니다. 탐욕으로 얻는 것은 즐거움이 아니고 괴로움입니다. 탐욕의 끝은 실패고, 다시 태어나는 고통의 연속입니다. 탐욕은 여섯 가지 감각기관을 통해서 즐거움으로 옵니다.

탐욕은 눈으로 형상을 볼 때 즐거움으로 나타납니다. 귀로 소리를 들을 때 즐거움으로 나타납니다. 코로 냄새를 맡을 때, 혀로 맛을 볼 때, 몸으로 접촉할 때, 마음으로 생각할 때 즐거움으로 나타납니다.

304. 궁극의 진리

궁극의 진리는 더 이상 다다를 것이 없는 최고의 가치를 지닌 진실이다. 궁극의 진리는 네 가지로 마음, 마음의 작용, 물질, 열반이다. 최고의 진리는 오온의 색, 수, 상, 행, 식이며 오온을 집착하지 않고 있는 그대로 알아차려서 열반을 성취하는 것으로 완성된다.

진리는 몸과 마음이 아닌 밖에 있는 다른 것에서 구할 수 없다. 하지만 태어난 이래 누구도 자신의 몸과 마음을 대상으로 알아차리지 못했다. 해탈의 자유를 얻으려면 몸과 마음을 알아차려서 무상, 고, 무아의 법을 발견해야 한다.

그렇지 않으면 끝없는 윤회를 계속하여 고통에서 벗어나지 못한다. 몸과 마음을 가지고 생긴 번뇌는 오직 몸과 마음을 알아차릴 때에만 소멸된다.

옹달샘

11

죽음이 두려울 때

죽는 것이 두려울 때는 죽음을 두려워하는 마음을 알아차려야 합니다.
그런 뒤 가슴에서 콩닥거리는 느낌을 알아차리고
다시 호흡을 알아차려야 합니다.
이런 과정을 통해 지혜가 나야
죽음에 대한 두려움에서 벗어날 수 있습니다.

305. 대상과 아는 마음

호흡의 일어남과 꺼짐을 있는 그대로 알아차리는 동안에는 대상과 아는 마음만 있어 마음이 고요해 집니다. 대상을 아는 마음만 있으면 이 순간에는 내가 없어 좋아하고 싫어하지 않습니다.

좋아하고 싫어하는 마음이 없으면 탐욕, 성냄, 어리석음이 사라져 마음이 청정해집니다. 청정한 마음이 계속되면 대상의 성품인 무상, 고, 무아를 아는 지혜가 생깁니다. 오직 이 지혜가 나를 구원하여 괴로움에서 벗어나게 합니다.

오른발 왼발의 움직임을 알아차리는 동안에는 대상과 아는 마음만 있어 온갖 생각이 일어나지 않습니다. 생각이 끊어지면 사랑과 증오, 감각적 욕망의 집착, 이념적 편견, 죽음의 공포 등 어떤 번뇌도 일어나지 않습니다.

306. 좋아함과 싫어함

좋아하는 것을 양식으로 삼으면 똑같이 싫어하는 것을 양식으로 삼는다. 모든 것이 자기 뜻대로 되지 않기 때문에 좋은 것은 한계가 있다. 좋아하는 마음은 이기적이라서 객관적 상황을 고려하지 않는다.

그러므로 좋아하는 것이 충족되지 않으면 이내 싫어하는 마음으로 바뀐다. 좋아하는 마음과 싫어하는 마음은 항상 함께 있다. 한순간에 좋았다가 한순간에 싫어하는 마음으로 바뀌는 것이 모든 괴로움의 원인이다.

좋아하면 탐욕으로 바뀌고 싫어하면 성냄으로 바뀐다. 좋아하지 않으면 싫어하지 않는다. 좋아할 때는 좋아하는 마음을 알아차려서 집착하지 않아야 한다. 좋아하는 마음에 균형이 있으면 싫어하는 마음이 일어나지 않는다.

307. 세상을 떠날 때

이 세상을 떠날 때 사랑하는 가족이나 소중한 재산이나 자신의 경력을 가지고 갈 수 없다. 세상을 떠날 때 가지고 가는 것은 살면서 한 행위에 따른 과보다. 선한 마음으로 선한 행위를 하면 선한 과보를 받아 다음 생에 행복한 생명으로 태어난다.

선하지 못한 마음으로 선하지 못한 행위를 하면 선하지 못한 과보를 받아 다음 생에 불행한 생명으로 태어난다. 마음에는 종자가 있어서 죽을 때의 마음이 다음 생을 결정한다.

인간으로 태어나서 좋은 일과 좋지 않은 일을 겪는 것은 과거에 선한 일도 하고 선하지 못한 일도 했기 때문이다. 살아있는 모든 생명은 예외 없이 일정한 질서의 흐름 속에서 자기가 한 일 대로 합당한 결과를 받는다.

308. 성공과 실패

성공은 탐욕이 따르고 실패는 성냄이 따른다. 성공은 항상 머물지 않고 실패는 한번으로 그치지 않는다. 성공이 언젠가 실패로 끝나는 것은 탐욕이 있기 때문이다. 실패가 한번으로 그치지 않고 거듭되는 것은 성냄이 있기 때문이다.

성공을 지속시키기 위해서는 성공에 취하지 말고 있는 그대로 알아차려야 한다. 그렇지 않으면 자만에 빠져 허무하게 무너진다. 실패를 반전시키기 위해서는 실패를 괴로워하지 말고 있는 그대로 알아차려야 한다.

그래야 실패의 원인을 알아 바르게 대처할 수 있다. 모든 것은 조건에 의해 일어났다가 사라지는 현상만 있다. 성공이 실패가 되지 않고 실패가 성공이 되려면 모두 있는 그대로 알아차려야 한다.

309. 선업의 공덕

정법이 없어서 배우지 못하는 것이 아니다. 정법이 있어도 인연이 없으면 만나지 못한다. 인연이 있어 만났다고 해도 선업의 공덕이 있어야 수행을 한다. 선업의 공덕이 없으면 깨달음과 먼 수행을 만나 방황한다.

선업의 공덕이 있어야 정법을 만나 바른 수행을 한다. 인연이 있어 수행을 한다고 해도 선업의 공덕이 부족하면 수행을 계속할 수 없다. 만나기 어려운 법을 만나는 것이나 만나서 계속하는 것은 모두 선업의 공덕으로 인한 것이다.

선업의 공덕은 사소한 일에서부터 시작된다. 먼저 모든 것을 일어난 그대로 받아들여서 이해하는 마음을 가져야 한다. 자신과 남에게 베풀고 계율을 지키면 선업의 공덕이 생겨 바른 길을 간다.

310. 선한 마음의 이익

선한 마음인 관용, 자애, 지혜가 있으면 선하지 못한 마음인 탐욕, 성냄, 어리석음이 일어나지 않는다. 마음은 한순간에 하나의 마음만 있어 선한 마음이 있을 때는 선하지 못한 마음이 일어나지 않는다.

선한 마음을 가지면 여러 가지 이익이 많다. 선한 마음을 가지면 즐거움이 있어 이익이 있고 선하지 못한 마음인 괴로움이 일어나지 않아 이익이 있다. 선한 마음을 가지면 선한 행위를 하는 이익이 있고 선하지 못한 행위를 하지 않는 이익이 있다.

선한 행위를 하면 선한 과보가 생기는 이익이 있고 선하지 못한 과보가 생기지 않는 이익이 있다. 선한 과보가 생기면 바른 길을 가는 이익이 있고 바르지 못한 길을 가지 않는 이익이 있다.

311. 과보의 상속

업의 과보에 의해 태어난 생명은 똑같지도 않고 그렇다고 다르지도 않다. 몸의 세포는 매순간 변하지만 몸이 살아있는 생명력은 다르지 않다. 어릴 때의 몸과 노인이 된 몸은 다르지만 어린이가 노인이 될 때까지 생명이 지속되는 것은 다르지 않다.

몸의 성품이 이렇듯이 마음도 똑같은 성품을 가지고 있다. 생명이 똑같다고 하면 모든 것은 변하지 않고 항상 하다는 상견(常見)에 빠진다. 생명이 다르다고 하면 모든 것은 한번으로 끝이라고 하는 단견(斷見)에 빠진다.

모든 것이 영원하지도 않고 한번으로 끝나는 것도 아니라서 상견과 단견은 잘못된 견해다. 바른 견해는 원인과 결과며 과보의 상속이다. 이러한 과정에 자아는 없다.

312. 먹고 사는 일

먹고 사는 것은 신성한 일이다. 먹고 사는 방법이 바르지 못하면 신성한 일이 아니다. 잘 먹고 잘 살기 위해서 행하면 자칫 탐욕으로 살아 어리석음에서 벗어나지 못한다. 그러면 먹어도 먹는 것이 아니며 살아도 사는 것이 아니다.

먹고 살아야 한다는 이름으로 자행되는 탐욕은 먹지도 못하게 하고 살지도 못하게 한다. 잘 먹고 잘사는 것에 알아차림이 없으면 탐욕이 일어난다. 잘먹고 잘 사는 것은 탐욕이 아닌 바른 것을 말한다.

더 나은 삶을 살기 위해 노력해야 하지만 탐욕으로 행하면 오히려 나쁜 결과를 초래한다. 먹고 사는 일이라고 해서 모든 행위가 다 정당화 될 수 없다. 단지 필요해서 먹고 필요해서 살아야 정당한 일이 된다.

313. 유신견(有身見)

어리석은 생각 중에 가장 치유가 어려운 것은 내가 있다는 견해다. 잘못을 저질렀어도 수행을 하면 깨달음을 얻어 윤회에서 벗어난다. 유신견을 가지고 있으면 수행을 하지 않아 영원히 윤회계를 떠돈다.

콩알만 한 자아가 있어도 바른 법을 받아들이지 않는다. 자아가 사라진 자리에 무아의 진리가 생겨나 어리석음이 소멸한다. 오계는 생명을 죽이지 않고, 남의 물건을 훔치지 않고, 삿된 음행을 하지 않고, 거짓말을 하지 않고, 술을 마시지 않는 것이다.

이런 계율을 어겨도 수행을 하면 지혜가 나 윤회계에서 벗어날 수 있다. 유신견이 있으면 무아의 지혜가 없어 윤회계를 벗어나지 못한다. 무명보다 더 깊은 어리석음이 유신견이다.

314. 긴장과 이완

마음이 긴장하면 마음을 알아차려서 이완해야 한다. 몸이 긴장하면 몸을 알아차려서 이완해야 한다. 긴장한 마음을 알아차리면 몸도 함께 이완되고, 긴장한 몸을 알아차리면 마음도 함께 이완된다.

마음과 몸이 이완되면 고요함이 온다. 선한 마음일 때는 마음과 몸이 이완되고, 선하지 못한 마음일 때는 마음과 몸이 긴장한다. 마음과 몸을 알아차려서 긴장을 이완해야 하지만 지나치게 이완하면 안 된다.

초기단계에서 지나치게 이완하면 자세가 무너지고 집중이 지나쳐 졸음에 빠지므로 이완도 적절해야 한다. 약간의 긴장은 오히려 자세를 유지하는데 도움이 된다. 지혜가 성숙되면 이완하려고 하지 않아도 마음과 몸이 부드러워진다.

315. 잘된 일과 잘 안된 일

하는 일이 잘될 때는 잘되어서 좋고, 잘 안될 때는 잘 안되어서 좋다. 하는 일이 잘되면 성취감을 느낄 수 있어 좋다. 하는 일이 잘 안되면 헛된 꿈에서 깨어나서 좋다. 잘될 때는 잘된 것을 있는 그대로 받아들여서 집착하지 말아야 한다.

잘 안될 때는 잘 안된 것을 있는 그대로 받아들여서 좌절하지 말아야 한다. 잘된 일은 적절한 노력의 결과라고 알아 자만에 빠져 나태해지지 말고 계속해서 노력해야 한다. 잘 안된 일은 욕망으로 했거나 노력이 부족한 것이라고 알고 계속해서 노력해야 한다.

잘된 일도 한순간에 일어나서 사라지는 성품일 뿐이다. 잘 안된 일도 한순간에 일어나서 사라지는 성품을 가졌으므로 무엇도 영원한 것은 없다.

316. 죽음이 두려울 때

죽는 것이 두려울 때는 죽음을 두려워하는 마음을
알아차려야 합니다. 그런 뒤 가슴에서 콩닥거리는
느낌을 알아차리고 다시 호흡을 알아차려야 합니
다. 이런 과정을 통해 지혜가 나야 죽음에 대한 두
려움에서 벗어날 수 있습니다.

모든 생명은 예외 없이 죽음을 두려워합니다. 지옥
의 생명이나 축생, 인간, 천상의 생명이 모두 죽음
에 대한 두려움이 있습니다. 인간만이 지혜를 얻어
죽음의 두려움에서 벗어날 수 있습니다.

태어났으면 죽는다는 지혜가 날 때 죽음은 한낱 과
정에 불과한 것을 압니다. 이런 과정을 수용하려면
원인과 결과의 지혜와 무상, 고, 무아의 지혜가 나
야 합니다. 죽음이 두려우면 다시 태어나서 또 두려
움 속에서 삽니다.

317. 새로운 습관

잘살고 싶어도 마음만 있지 뜻대로 되지 않습니다. 이는 습관적으로 살기 때문입니다. 습관적으로 살면 과거의 어리석음과 욕망이 현재로 상속됩니다. 과거의 잘못된 습관이 아닌 현재의 새로운 습관을 만들어야 잘살 수 있습니다.

그러기 위해서는 먼저 자신의 몸과 마음을 알아차려야 합니다. 그러면 지혜가 나고 관용이 생겨 새로운 습관이 생깁니다. 이것이 자신을 자유로 이끄는 유일한 길입니다. 몸과 마음을 알아차리는 수행을 하면 어떤 장애도 극복하여 괴로움을 이겨낼 수 있습니다.

몸과 마음으로 인해서 생긴 욕망은 오직 몸과 마음을 알아차려야 극복할 수 있습니다. 욕망으로 얻은 즐거움보다 욕망을 소멸시킨 즐거움이 더 큽니다.

318. 느낌의 노예

좋아하고 싫어하는 것은 느낌이다. 느낌이 일어나면 느낌으로 알아차려야 한다. 좋아하고 싫어하는 것을 느낌으로 알아차리지 못하면 괴로움을 겪는다. 느낌은 매순간 일어났다가 사라지지만 그냥 사라지지 않는다.

좋을 때는 더 좋은 느낌을 일으키고, 싫을 때는 더 싫은 느낌을 일으킨다. 좋을 때는 좋은 느낌을 집착하여 쾌락에 빠진다. 싫을 때는 싫은 느낌을 집착하여 분노에 불탄다.

최초에 일어난 맨느낌은 좋아하고 싫어하지 않는다. 맨느낌을 알아차리지 못하면 좋아하고 싫어하는 육체적인 느낌이 된다. 다시 더 좋아하고 더 싫어하는 정신적 느낌으로 바뀐다. 느낌의 진행은 자신의 욕망이 일으키고 그 결과로 느낌의 노예로 산다.

319. 편리함과 불편함

편리함에는 반드시 불편함이 함께 있다. 편리함에 길들여지면 불편함을 견디지 못한다. 마치 즐거움에 길들여지면 괴로움을 견디지 못하는 것처럼. 모든 가치를 편리함으로 평가하면 나태해져 정신이 퇴보한다.

편리함을 부정해서는 안 되지만 그렇다고 모든 것을 편리함 위주로 판단하면 내면의 해이와 도덕적 규범이 무너질 수 있다. 가는 길이 빠르다고 해서 가지 말아야 할 길을 가면 목적지에 다다르지 못한다.

편리함이나 불편함이나 단지 대상으로 알아차리면 편리함에 유약해지지 않고 불편함에 괴로움을 겪지 않는다. 편리함에 취하면 불편함을 견디지 못해 수행을 할 수 없다. 불편함을 견디는 인내가 해탈의 자유에 이르게 한다.

320. 다정다한(多情多恨)

정(情)은 좋은 느낌입니다. 상대에게 정을 줄 때는 반드시 준만큼 받고 싶은 마음이 있습니다. 그러나 상대의 마음은 나의 마음과 같을 수 없습니다. 만약 자신이 정을 준만큼 되돌아오지 않거나 상대가 무시하면 좋은 느낌이 나쁜 느낌으로 변합니다.

이것은 자신의 이기적 욕망으로 인해서 생긴 결과입니다. 내 마음도 내 마음대로 하지 못하는데 하물며 상대의 마음을 어떻게 할 수는 없습니다. 그러므로 자신이 상대에게 보낸 정과 상대의 반응은 별개로 분리해야 합니다.

일방적인 느낌은 바라는 마음 때문에 항상 괴로움을 일으킵니다. 그래서 정이 많은 사람은 한이 많습니다. 정이 한이 되지 않게 하려면 아무 바람 없이 주어야 합니다.

321. 술

좋아서 술을 마시는 것은 좋은 것을 더 즐기려는 감각적 욕망 때문이다. 괴로워서 술을 마시는 것은 괴로움을 피하려는 성냄 때문이다. 좋은 일이나 괴로운 일을 술로 해결하는 것은 어리석음 때문이다.

좋아도 마시고 괴로워도 마시면 내가 사는 것이 아니고 술이 사는 것이다. 내가 없어지고 술이 주인이 되어 정신이 마비되면 도둑이 주인행세를 한다. 세상의 모든 일들은 자신이 일으킨 원인으로 인해서 생긴 결과다. 그러므로 어떤 결과에도 몽롱한 느낌에 자신을 던져서는 안 된다.

자신에게 주어진 일은 있는 그대로 알아차려서 감당해야 한다. 그렇지 않으면 자신과 가족과 사회로부터 버림받는 가혹한 형벌을 받아 비참하게 죽는다.

322. 깨끗한 만남

어디서 무엇이 되어 만나려고 하지마라. 모든 만남은 헤어져야 하기 때문에 괴로움이다. 다시 만나려는 것은 현재의 괴로움을 미래로 상속시키는 행위다. 현재의 나도 내가 아니며 미래의 나도 내가 아니다.

단지 정신과 물질이 일어나고 사라지는 것이 거듭될 뿐이므로 만남을 집착하지 마라. 내가 구할 수 있는 것은 현재에 있지 과거나 미래에 있지 않다. 미래는 현재의 연장선상에 있으므로 현재에 집중해야 한다.

모든 것은 끊임없이 변하는 성품이 있다. 오늘의 즐거움이 미래의 즐거움이 된다는 보장은 없다. 오직 현재의 만남에 충실하고 내일의 만남을 기대하지 않아야 가장 깨끗한 만남이다. 다시 만나려는 것은 집착이라 괴로움이다.

323. 옥석(玉石)

인생은 오직 혼자서 가는 고독한 길이다. 그러므로 남이 무엇이라고 말하던 말하는 사람의 것으로 두어야 한다. 그래야 말의 내용이 무엇인지를 알 수 있다. 남의 말에 즉각 반응하면 말의 진정한 의미를 파악하지 못한다.

그러면 애정 어린 관심으로 말하는 진실을 놓칠 수도 있다. 남의 말을 그냥 남의 말로 두면 옥석을 가릴 수 있어 버릴 것은 버리고 취할 것은 취할 수 있다.

모든 사람을 다 만족시킬 수 없다. 어차피 모든 사람을 다 만족시킬 수 없다면 관심을 밖에 두지 말고 자신의 몸과 마음에 두어야 한다. 진실은 밖에 있는 세상 사람들에게 있지 않고 오직 자신에게 있다. 누가 무엇이라고 하던 내가 해야 할 일은 내가 해야 한다.

324. 충고

상대에 대한 충고에 자신의 감정을 섞으면 비난이
되어 관계를 악화시킨다. 진실도 상대가 받아들이
는 마음일 때만 진실이지 받아들이지 않으면 진실
이 아니다. 그러므로 함부로 충고하지 말아야 한다.

잘못된 충고는 자신이나 상대에게 똑같이 독이 되
므로 침묵하는 것이 좋다. 상대에 대한 배려 없이
자신이 하고 싶은 말만 하면 자신이나 상대를 괴롭
히는 흉기가 될 수 있다.

상대에게 애정 어린 관심을 가지고 말하려면 두 가
지로 말해야 한다. 이렇게 할 수도 있고 저렇게 할
수도 있으니 스스로 하나를 선택하도록 권해야 한
다. 또 상대를 이해하고 배려하는 말을 한 뒤에 자
신이 하고 싶은 말을 넌지시 할 때 진정이 전해 질
수 있다.

325. 자아(自我)

선업과 불선업은 섞이지 않는다. 선한 행위를 하면
선한 과보를 받고 불선행위를 하면 불선과보를 받
는다. 이는 마치 서로 섞일 수 없는 화학물질의 구
조와 같다. 자아가 강하면 오랫동안 불선행을 해서
불선과보를 받은 결과다.

자아가 강하면 이기적인 욕망이 많아서 모든 일을
자기중심으로 한다. 그래서 바른 법과 섞이지 못해
괴로움을 겪는다. 이런 자도 과거에 행한 선업이 있
을 때는 바른 법을 찾아 수행을 한다.

하지만 자아가 강하기 때문에 결국에는 바른 법과
섞이지 못하고 이곳저곳을 전전하며 방황한다. 바
른 법을 만나 괴로움을 해결하려면 바른 법의 방식
으로 해야 한다. 자아는 무아가 아니라서 결코 바른
법에 이르지 못한다.

326. 지혜로 본 몸과 마음

지혜로 본 몸과 마음은 매순간 새로 일어나서 짧게 진행되다 즉시 소멸한다. 일어난 장소에서 일어난 순간만 지속되다 다른 장소로 옮겨가지 않고 일어난 장소에서 바로 사라진다. 실재하는 진실은 이와 같이 끊임없이 연속되는 과정만 있다.

이러한 과정은 오직 원인과 결과에 의한 흐름만 있을 뿐 다른 어떤 것도 없다. 몸과 마음은 과거가 현재로 현재가 다시 미래로 진행된다. 하지만 현재라고 하는 순간 이미 과거가 되고 다시 미래로 바뀐다.

누구도 이러한 흐름을 멈추게 할 수 없다. 매순간 일어나고 사라지는 진실밖에 없는데 나의 몸과 마음이라고 하여 집착할 필요가 있겠는가? 과연 나의 괴로움이라고 하여 슬퍼할 필요가 있겠는가?

327. 자신이 만든다

자신이 겪고 있는 즐거움과 괴로움은 받을만해서 받는다. 자신의 행복과 불행은 오직 스스로가 선택해서 받은 결과다. 현재의 즐거움은 과거에 선행을 한 결과로 생긴 선과보심과 현재의 선심이 만들어 낸 결과다.

과거에 지혜와 관용이 있어서 생긴 선과보심과 현재의 선심이 결합하여 현재의 즐거움이 생긴다. 현재의 즐거움은 누가 준 것이 아니고 오직 자신이 만든다. 현재의 괴로움은 과거에 불선행을 한 결과로 생긴 불선과보심과 현재의 불선심이 만들어낸 결과다.

과거에 어리석음과 탐욕이 있어서 생긴 불선과보심과 현재의 불선심이 결합하여 현재의 괴로움이 생긴다. 현재의 괴로움은 누가 준 것이 아니고 오직 자신이 만든다.

328. 괴로움의 소멸

지금 괴로우십니까? 괴로움은 와서 보라고 나타난 법입니다. 괴로움에서 벗어나려면 먼저 괴로움이 있는 것을 알아차리십시오. 그런 뒤에 괴로워하는 마음을 알아차리십시오. 그리고 가슴에서 일어난 느낌을 알아차려야 합니다.

거친 느낌이 중간 느낌, 미세한 느낌이 될 때까지 알아차리십시오. 느낌이 고요해지면 가슴에서 호흡이나 맥박을 알아차리십시오. 이렇게 해야 괴로움이 사라집니다. 하지만 괴로움이 완전하게 사라진 것은 아닙니다. 괴로움은 조건이 성숙되면 또 나타납니다.

괴로움이 다시 나타나면 똑같이 반복해서 알아차려야 합니다. 괴로움을 있는 그대로 알아차려서 단계적인 지혜가 날 때마다 차츰 괴로움에서 벗어납니다.

329. 한 순간

일어난 것은 반드시 사라진다. 다만 지속의 시간이
다를 뿐이지 모든 것은 소멸한다. 태어났으면 죽는
과정에 인간의 삶이 있다. 한 일생이 긴 것처럼 느
끼지만 거대한 세월의 흐름에서는 한순간에 불과
하다.

인생은 일어났다가 소용돌이치면서 사라지는 바람
처럼 짧다. 하루살이가 인간의 한평생을 알 수 없듯
이 인간은 무한한 시간의 흐름을 알 수 없다. 고단한
삶을 겪을 때는 인생이 길지만 지나고 보면 한때의
꿈처럼 존재하지도 않는다. 누구도 태어나면서부터
겪는 생사의 위험과 질병에서 자유롭지 못하다.

행복이 있어도 이내 달아나버리고 괴로움이 연속된
다. 무상하고 괴로운 인생이 즐거워서 다시 태어나
려는 것은 결코 옳지 않다.

330. 이상(理想)

이상은 필요하지만 터무니없는 생각은 이상이 아니다. 자신의 힘으로 할 수 있는 일이 있고 할 수 없는 일이 있다. 지혜가 있으면 자신이 할 수 있는 일을 위해 노력한다. 어리석으면 자신이 할 수 없는 일을 위해 노력한다. 지혜로 하면 선한 일을 하여 선한 결과를 얻는다.

어리석음으로 하면 선하지 못한 일을 하여 선하지 못한 결과를 얻는다. 자신의 몸과 마음을 알아차려서 불선심을 선심으로 바꾸고 선심을 작용심으로 바꾸는 것이 가장 고귀한 이상이다.

자신의 몸과 마음을 알아차리지 않고 모든 대상에서 끝없는 욕망을 충족하려고 하는 것이 가장 고통스러운 일이다. 몸과 마음을 벗어난 것은 신기루와 같아 결코 진실을 보지 못한다.

331. 무상(無常)

즐거울 때는 즐거움을 알아차려서 즐거움이 일어나고 사라지는 무상이라고 알아야 한다. 그렇지 않으면 즐거움에 취하여 더 큰 즐거움을 얻으려는 욕망의 노예가 된다. 또 즐겁지 못할 때는 고통을 견디지 못한다.

즐거움은 한순간의 느낌이므로 영원한 것이 아니다. 즐거움은 감각기관이 느끼는 것이지 내가 느끼는 것이 아니다. 괴로울 때는 괴로움을 알아차려서 괴로움이 일어나고 사라지는 무상이라고 알아야 한다. 그렇지 않으면 괴로움의 늪에 빠져 인생을 비관하게 된다.

괴로움은 한순간의 느낌이므로 영원한 것이 아니다. 괴로움은 감각기관이 느끼는 것이지 내가 느끼는 것이 아니다. 모든 것이 무상하다고 알 때에만 집착을 여읜다.

332. 훌륭한 가르침

훌륭한 가르침이 있어도 내가 받아들이지 않으면 훌륭한 가르침이 아니다. 훌륭한 가르침도 내가 받아들여야 훌륭한 가르침이다. 훌륭한 가르침을 알아도 생각으로 알면 훌륭한 가르침이 아니다. 훌륭한 가르침을 실천해야 훌륭한 가르침이다.

견해가 바르지 못한 자는 바르지 못한 법을 찾아 자기 것으로 한다. 견해가 바른 자는 바른 법을 찾아 자기 것으로 한다. 견해가 바르지 못한 자는 선한 법을 만나면 괴로워서 외면한다. 견해가 바른 자는 선하지 못한 법을 만나면 괴로워서 외면한다.

행복과 불행은 누가 주는 것이 아니고 오직 자신이 찾아서 자신이 얻는다. 지혜가 있으면 스스로 행복을 만들고 어리석으면 스스로 불행을 만든다.

333. 싫어할 때

싫어할 때는 싫어하는 것이 알아차릴 대상이다. 싫어서 미워하거나 회피하거나 괴로워하는 것으로는 싫어하는 것에서 벗어날 수 없다. 싫어하는 것을 있는 그대로 알아차리는 것이 싫어하는 것으로부터 벗어나는 유일한 길이다.

싫어하는 마음은 싫어하는 마음을 영양으로 삼아 더욱 커진다. 싫어하는 마음을 있는 그대로 알아차리면 싫어하는 마음이 더 이상 영양을 공급받지 못해 결국에는 소멸한다. 싫어하는 것을 없애려고 하거나 다른 감각적 욕망을 충족하는 것은 완전한 해결방법이 아니다.

무엇이나 욕망으로 해결하려고 하면 반드시 반작용이 생긴다. 대상을 있는 그대로 알아차려서 무상, 고, 무아의 지혜가 나야 번뇌로부터 자유롭다.

334. 조건의 성숙

선한 마음은 그냥 일어나지 않는다. 선한 마음은 과거에 선한 행위를 한 뒤에 오는 선과보심이 있어서 일어난다. 또 현재 대상을 있는 그대로 알아차릴 때 선한 마음이 일어난다. 이처럼 선한 마음은 저절로 생기지 않고 선한 마음이 일어날 조건이 성숙되었을 때 일어난다.

악한 마음은 그냥 일어나지 않는다. 악한 마음은 과거에 악한 행위를 한 뒤에 오는 불선과보심이 있어서 일어난다. 또 현재 대상을 있는 그대로 알아차리지 못할 때 악한 마음이 일어난다.

이처럼 악한 마음은 저절로 생기지 않고 악한 마음이 일어날 조건이 성숙되었을 때 일어난다. 자신이 선한 마음과 악한 마음을 일으킨다. 이런 마음에 의해 행복과 불행이 따라온다.

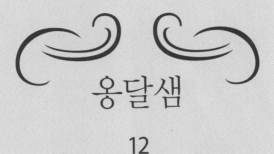

옹달샘

12

진흙에서 피어난 연꽃

괴로움은 견디기 힘든 고통이지만 괴로움을 통하여 지혜를 얻는다.
인간으로 태어난 사명은 반전을 이루는 것이다.
하지만 모든 괴로움이 전부 지혜가 되지는 않는다.
괴로움을 있는 그대로 알아차릴 때에만 지혜를 얻는다.

335. 미움과 사랑

미워하는 사람들 속에 둘러싸여 살면 자신도 미운 사람이 된다. 미워하는 마음으로 상대에게 적대감을 가질 때는 마음이 분노에 휩싸여 자신이 고통을 겪는다. 미운 사람을 만드는 것도 자신이고 미워하는 마음으로 인해 괴로움을 겪는 것도 자신이다.

사랑하는 사람들 속에 둘러싸여 살면 자신도 사랑스러운 사람이 된다. 사랑하는 마음으로 인해 상대에게 관용을 베풀 때는 자신의 행복은 물론 상대에게도 행복을 준다. 미워하거나 사랑하는 사람을 만드는 것도 자신이고 이로 인해 불행과 행복을 경험하는 것도 자신이다.

남을 미워할 때는 자신의 고독한 방에 갇혀 죄수처럼 지낸다. 남을 사랑할 때는 세상의 모든 행복을 마음껏 누린다.

336. 숭고한 마음

남에 대해 자애로운 마음을 가지면 자연스럽게 남을 동정하는 마음이 생긴다. 남을 동정하는 마음을 가지면 자연스럽게 남의 기쁨을 함께 기뻐하는 마음이 생긴다. 남의 기쁨을 함께 기뻐하는 마음을 가지면 자연스럽게 모든 일에 대해 평등한 마음이 생긴다.

자애는 모든 존재들이 행복하기를 바라는 사랑으로 숭고한 마음이다. 남을 동정하는 마음은 모든 사람의 고통을 제거해주려는 정의가 있는 숭고한 마음이다. 남의 기쁨을 함께 기뻐하는 마음은 시기심이 아닌 남을 적극적으로 이해하는 숭고한 마음이다.

모든 일에 평등한 마음은 올바르게 식별하고 공평하게 보는 마음으로 무엇도 집착하지 않고 혐오하지 않는 가장 숭고한 마음이다.

337. 아는 자, 모르는 자

아는 자가 모르는 자에게 양보해야 한다. 모르는 자는 어리석어서 이기심을 가지고 자기 욕심만 부린다. 아는 자는 지혜가 있어서 관용을 가지고 남을 배려한다. 아는 자가 모르는 자에게 양보하지 않으면 다툼이 일어나 얻어도 얻은 것이 아니다.

다투어서 얻는 것보다 양보하는 것이 더 많은 것을 얻는다. 아는 자가 모르는 자를 이해해야 한다. 모르는 자는 무엇이 바른지 모르기 때문에 자신의 주장만 편다. 아는 자는 무엇이 바른지 알기 때문에 모르는 자의 주장을 이해한다.

아는 자가 모르는 자와 똑같이 행동하면 아는 자가 아니고 모르는 자와 같다. 아는 자는 갈 길을 알아 방황하지 않고 모르는 자는 갈 길을 몰라 끝없이 방황한다.

338. 말의 규범

말에는 규범이 있다. 규범 안에서 하는 말은 자신을 정화한다. 규범을 벗어난 말은 자신을 오염시킨다. 말에는 반드시 업이 따른다. 선한 말을 하면 선한 업이 생겨 행복하다. 선하지 못한 말을 하면 선하지 못한 업이 생겨 불행하다.

남이 말하면 들어야 한다. 자신의 말만 하면 규범에 어긋난다. 남이 물으면 대답해야 한다. 상대가 묻지도 않는데 설득하려고 말하는 것은 탐욕이다. 바른 것이라고 해서 상대에게 강요하지 마라. 상대를 설득하려고 하다 설득되지 않으면 화를 내게 되어 규범에 어긋난다. 남이

좋은 말을 하면 받아들여라. 남이 말하는 진실에 귀를 기울이는 것이 말의 규범이다. 말은 계율로 듣고 말하고 받아들여야 한다.

339. 칭찬과 비난

칭찬은 사람을 즐겁게 하고 비난은 사람을 괴롭게한다. 하지만 칭찬이 모두 좋은 것은 아니며 비난이모두 나쁜 것은 아니다. 칭찬은 사람을 즐겁게 하지만 칭찬에 빠지면 교만한 사람이 된다. 비난은 사람을 괴롭게 하지만 비난을 받아들이면 바른 사람이된다.

칭찬은 약이 될 수도 있고 독이 될 수도 있다. 비난은 독이 될 수도 있고 약이 될 수도 있다. 지혜가 있는 사람은 칭찬에 교만해지지 않고 비난에 분노하지 않는다. 어리석은 사람은 칭찬에 교만해지고 비난에 분노한다.

바른 칭찬도 지나치면 아첨이 된다. 바른 비난도 지나치면 폭력이 된다. 어떤 칭찬과 비난에도 흔들리지 않는 평등심을 가지면 해탈에 가까이 이른 사람이다.

340. 깨끗한 즐거움

즐거움에는 항상 괴로움이 따른다. 깨끗한 즐거움
일 때라야 괴로움이 따르지 않는 순수한 즐거움이
다. 자신이 경험하는 일상의 즐거움은 모두 감각적
욕망이다. 욕망은 아무리 얻어도 만족할 수 없기 때
문에 반드시 괴로움을 수반한다.

깨끗한 즐거움이 되기 위해서는 대상을 있는 그대
로 알아차려야 한다. 즐거울 때 즐거움을 알아차리
고 괴로울 때 괴로움을 알아차려야 한다. 즐거움도
있고 괴로움도 있다면 완전한 행복이 아니다.

감각적 욕망으로 얻은 행복과 완전한 행복은 다르
다. 완전한 행복이 무엇인지 몰라 감각적 쾌락을 행
복으로 안다. 대상을 알아차려서 생긴 고요함으로
무상, 고, 무아의 지혜가 날 때에만 완전한 행복을
얻는다.

341. 어둠과 불

불이 밝다 해도 태양보다 밝지 않다. 태양이 있을 때는 불이 밝지 않지만 어둠 속에서 불의 가치가 드러난다. 진리가 있어도 사성제의 진리보다 뛰어나지 않다. 사성제의 진리는 행복할 때는 알 수 없지만 괴로울 때 가치가 드러난다.

어두울 때 불이 필요하듯이 괴로울 때 진리가 필요하다. 사성제의 진리는 괴로움이 있고, 괴로움의 원인은 집착이고, 괴로움이 소멸하고, 괴로움의 소멸은 팔정도라는 진실이다.

어둠에서 불을 밝히듯 괴로울 때 사성제의 진리가 필요하다. 괴로움은 나를 괴롭히기 위해서 나타난 것이 아니고 와서 보라고 나타난 법이다. 괴로움을 대상으로 알아차리면 통찰지혜를 얻어 모든 번뇌에서 벗어나 행복을 얻는다.

342. 눈 밝은 자

산처럼 높고 뛰어난 가르침이 있어도 보는 눈이 없으면 못 본다. 바다처럼 넓고 깊은 가르침이 있어도 담을 그릇이 못되면 담지 못한다. 모든 괴로움을 여의는 가르침은 붓다께서 깨달음을 얻은 위빠사나 수행이다.

위대한 성인들은 신께 귀의하거나 도덕적인 가르침을 펴는 것으로 인류에게 공헌했다. 붓다는 12연기와 사성제를 통해 윤회의 괴로움에서 벗어나는 길을 열었다.

하지만 선업의 공덕이 부족하면 바른 견해가 생기지 않아 뒷동산을 높은 산으로 알고 작은 연못을 넓은 바다로 안다. 정법이 있어도 알지 못하는 것은 선한 인연이 없기 때문이다. 정법은 모든 발자국 중에서 가장 큰 코끼리 발자국과 같지만 눈 밝은 자만이 본다.

343. 잃고 얻는 것

잃는 것이 있으면 얻는 것이 있어야 한다. 잃고도 얻는 것이 없다면 손실만 있고 이익이 없다. 몸이 늙어가도 마음은 경험을 축적해서 지혜가 나야 한다. 몸이 늙어 가는데도 마음이 살아온 경험을 토대로 지혜를 얻지 못한다면 손실만 있고 이익이 없다.

몸은 한계가 있어 죽으면 끝이지만 마음은 종자가 있어 다음 생을 결정한다. 지혜를 얻으면 현재도 행복하고 다음 생에도 전해지므로 가장 큰 이익이다. 실패 했으면 왜 실패했는지 원인을 알아야 한다.

실패했는데도 실패한 원인을 발견하지 못한다면 손실만 있고 이익이 없다. 실패의 원인은 생각으로 알아서는 안 된다. 대상을 있는 그대로 알아차려서 생긴 지혜로 알아야 한다.

344. 과정

어떤 현안이든 하나의 대상으로 알아차려야 한다. 대상으로 알아차리면 모든 일이 과정에 불과하다. 모든 일은 끊임없이 진행되며 그것을 아는 마음도 과정 속에 있다. 과정으로 받아들이면 잘못한 원인으로 잘못한 결과가 생겨도 새로운 원인을 만들어 좋은 결과를 얻는다.

잘못한 결과만 가지고 용서하지 못한다면 자신이나 남의 상처가 치유되지 못한다. 하나의 과정으로 보지 않고 결과에 마침표를 찍고 단죄하면 상처에 새살이 돋아날 수 없다.

자신의 잘못이든 남의 잘못이든 대상으로 알아차리면 괴로움과 분노의 불길을 잡을 수 있다. 자신이 잘한 일이든 남이 잘한 일이든 대상으로 알아차리면 교만과 시기의 불길을 잡을 수 있다.

345. 의지처

인간은 이 세상에 태어난 이래 항상 자기 자리에 있다. 인간으로 태어나서 단 한 번도 자신의 몸과 마음을 벗어난 적이 없다. 이번 생에서 해야 할 역할이 끝나 죽을 때까지는 누구도 자신의 몸과 마음에서 벗어나지 못한다.

인간은 언제 어디서나 자신의 몸과 마음이 자신의 집이다. 그러므로 인간이 가진 모든 문제는 오직 자신의 몸과 마음에서 해결해야 한다. 그렇지 않고 몸과 마음이 아닌 것에서는 결코 해결책을 찾을 수 없다. 이것이 자신의 몸과 마음을 의지처로 삼는 이유다.

자신의 몸과 마음을 의지처로 삼는 방법이 사념처 위빠사나 수행이다. 자신의 몸과 마음을 의지처로 삼고 사념처를 의지처로 삼을 때 궁극의 진리를 발견한다.

346. 진흙에서 피어난 연꽃

괴로움은 견디기 힘든 고통이지만 괴로움을 통하여 지혜를 얻는다. 인간으로 태어난 사명은 반전을 이루는 것이다. 하지만 모든 괴로움이 전부 지혜가 되지는 않는다. 괴로움을 있는 그대로 알아차릴 때에만 지혜를 얻는다.

괴로움을 대상으로 알아차리면 괴로움을 받아들이게 된다. 괴로움의 원인이 욕망이라는 것을 아는 지혜가 나면 근본치유가 가능하다. 괴로움과 맞서 싸우거나 괴로움으로부터 도피하면 결코 괴로움에서 벗어나지 못한다.

괴로움을 있는 그대로 알아차리면 현재의 괴로움은 과거가 되고 괴롭지 않은 새로운 현재가 생긴다. 괴로움은 와서 보라고 나타난 대상이다. 괴로움을 알아차리면 진흙에서 피어난 연꽃을 볼 수 있다.

347. 노력과 인내

바르게 살려면 자신이나 남의 이익을 위해 끊임없이 노력해야 한다. 더불어 자신이나 남의 이익을 위해 끊임없이 인내해야 한다. 노력과 인내 없이는 결코 바른 목표를 성취할 수 없다.

괴로울 때 괴로움에서 벗어나기를 바라는 기도를 하지 않고 괴로움을 있는 그대로 알아차리는 것이 바른 노력이다. 다른 사람이 자신에게 고통을 줄 때 고통을 참는 것과 함께 고통을 준 사람의 잘못을 용서하는 것이 인내다.

참고 견디는 것으로 그쳐서는 안 된다. 상대에게 어떤 미움도 갖지 않고 용서하는 것까지 포함되어야 바른 인내다. 궁극의 이상을 성취하여 지고의 행복을 얻기 위해서는 멈추지 않는 노력을 해야 하며 쉬지 않는 인내를 해야 한다.

348. 진리를 향해서 가는 자

자신이 말한 대로 행동하고 행동한대로 말하는 것이 진리를 향해서 가는 자의 규범이다. 말과 행동이 다르고 행동한대로 말하지 않는다면 진실하지 못해 진리를 향해서 가는 자가 아니다.

설령 계율을 어기는 행위를 했더라도 바르게 말하고 개선하려고 노력해야 진리를 향해서 가는 자다. 칭찬받을 만한 일에 조롱하지 않고 칭찬하고 비난받을 만한 일에 경멸하지 않고 연민의 마음으로 충고해야 진리를 향해서 가는 자다.

자신의 무지와 치부가 드러나는 것을 두려워하지 않고 있는 그대로 말하는 것이 진리를 향해서 자는 자다. 자기 이익을 위해 남에게 아첨하지 않고 자기 권위를 위해 자신을 내세우지 않아야 진리를 향해서 가는 자다.

349. 아름다운 이별

머리가 백발이 되고 얼굴에 주름이 생기는 늙음은 소리 없이 오는 죽음이다. 몸과 마음에서 생기는 질병은 요란한 소리를 내며 오는 죽음이다. 늙음과 질병은 피할 수 없는 괴로움이다.

늙음이나 질병으로 인해 생기는 고통은 스스로 생명을 포기하게 만들기도 한다. 누구도 이러한 죽음으로부터 자유로울 수 없다. 모든 것은 자신이 한 행위로 인해서 겪어야 하는 불가피한 고통이다. 하지만 자신이 원했는지도 모르고 태어나서 원하지 않아도 이번 생을 마쳐야 한다.

사랑하는 사람을 남겨두고 모든 기쁨과 슬픔을 남기고 결국에는 떠나야 한다. 어차피 떠나야 한다면 이별을 고이 받아들여야 한다. 이것이 지혜로 맞이하는 아름다운 이별이다.

350. 바뀌는 마음

인간은 선한 마음도 있고 선하지 못한 마음도 있다. 인간은 선한 일을 할 수도 있고 선하지 못한 일을 할 수도 있다. 선한 일을 했다고 해서 항상 선한 일만 하지 않는다. 선하지 못한 일을 했다고 해서 항상 선하지 못한 일만 하지 않는다.

한순간에 선한 마음으로 선한 일을 해도 다음 순간에는 선하지 못한 마음으로 선하지 못한 일을 할 수 있다. 마음은 바뀌므로 어떤 행위에 마침표를 찍고 결론을 내려서는 안 된다.

자신의 몸과 마음을 알아차릴 때는 선한 마음을 갖고 몸과 마음을 알아차리지 못할 때는 선하지 못한 마음을 갖는다. 선한 일이나 선하지 못한 일이나 모두 알아차려야 한다. 그러면 선과 불선이 없는 완전한 선에 이른다.

351. 두 부류의 행복

행복은 세속의 행복과 출세간의 행복이 있다. 세속의 행복은 네 가지가 있다. 첫째는 소유의 행복이다. 소유의 행복은 건강, 재산, 장수, 아름다움, 지위, 가족을 가졌을 때 있다. 둘째는 즐거움을 누리는 행복이다. 즐거움을 누리는 행복은 소유한 것을 충분히 누리는 행복이다. 가지고도 누리지 못하면 불행하다.

셋째는 빚이 없는 행복이다. 정신적 물질적 빚이 있으면 남의 눈치를 봐야 하기 때문에 행복할 수 없다. 넷째는 비난받지 않는 행복이다. 자신의 잘못으로 남에게 비난받는 것은 괴로움이라서 행복할 수 없다.

출세간의 행복은 지고의 행복이다. 지고의 행복은 어리석음과 욕망의 괴로움에서 벗어난 지혜로 얻은 해탈의 행복이다.

352. 완전한 원인

내가 있어서 인간으로 태어난 것이 아니다. 내가 있어서 지옥이나 동물이나 천상에 태어난 것이 아니다. 인간으로 태어날 만한 원인이 있어 인간으로 태어나는 결과가 있다. 지옥이나 동물이나 천상에 태어날 만한 원인이 있어 지옥, 동물, 천인으로 태어나는 결과가 있다.

모든 생명 중에서 인간만이 새로운 원인을 만들어서 새로운 결과를 만들 수 있다. 나머지 생명들은 모두 업대로 굴러갈 뿐 새로운 원인을 만들 수 없다.

인간이 새로운 원인을 만들기 위해서는 스승의 바른 가르침을 듣고 그에 따라 실천해야 한다. 그러면 먼저 모르는 상태에서 알게 되고, 생각으로 아는 상태에서 차츰 지혜로 안다. 지혜로 알아야 완전한 원인을 만든다.

353. 진실의 자각

남을 위해서 일할 때 오직 남을 위해서만 행동하지 않는다. 남을 위해서 일한다고 하더라도 자기만족을 위해 일하거나 자기 이익을 위해서 행동한다. 자기만족과 이익은 숨겨두고 오직 남을 위해서만 일한다고 생각하면 남에게 바라는 마음이 생긴다.

그 결과로 남에게서 바라는 마음이 충족되지 않을 때는 오히려 분노하거나 괴로움을 겪는다. 이러한 분노와 괴로움은 자신이 하는 행위에 대한 진실을 모르고 하기 때문이다.

그러므로 남을 위해 일할 때는 자기 이익뿐만 아니라 남의 이익도 함께 얻고자 하는 마음으로 행동해야 한다. 모든 일에는 먼저 자신의 이익이 있고 더불어 상대의 이익이 있다는 자각 속에서만 진실을 발견한다.

354. 참된 행복

행복과 불행은 인간의 두 가지 본질이다. 참된 행복은 자신이 소유한 물질이 아니고 내면의 고요함과 감사함과 만족하는 마음에 있다. 재산이 많은 사람은 더 많은 재산을 얻으려하거나 지키려는 욕망으로 인해 불행하다.

욕망이란 아무리 가져도 만족할 수 없어 욕망이 많은 사람일수록 불행하다. 높은 지위를 얻은 사람은 더 높은 지위를 얻으려하거나 지위를 지키려는 욕망으로 인해 불행하다. 얻고도 만족할 수 없다면 행복을 얻은 것이 아니고 불행을 얻은 것이다.

감각적 욕망은 행복이 아닌 불행으로 이끄는 요소다. 욕망은 한순간의 즐거움으로 그치고 마는 환상이라서 참된 행복이 아니다. 모든 집착을 여읜 자리에 참된 행복이 있다.

355. 은혜와 원수

내게 도움을 받은 사람이라고 해서 반드시 나를 위해 이롭게 행동하지 않는다. 오히려 나를 비난하고 내게 해로운 행동을 할 수도 있다. 그렇다고 해서 내가 남을 위해 도움을 주는 일을 멈추어서는 안된다.

내가 남을 위해 하는 일은 남을 위하는 것과 함께 자신을 위한 것이기도 하다. 내가 하는 행동은 나의 역할이고 남이 하는 행동은 그의 역할이다. 나의 역할과 상대의 역할이 반드시 같을 수는 없다.

은혜를 원수로 갚는다고 해서 은혜를 베푸는 일을 멈추어서는 안 된다. 은혜를 원수로 갚는다고 해도 계속해서 은혜를 베풀 때 자신이 정화되고 상대가 정화되고 사회가 정화된다. 누군가 해야 할 바른 일이라면 언제나 내가 해야 한다.

356. 비난

나를 비난하는 사람을 피해서 다른 곳으로 간다면 내가 머물 곳은 어디에도 없다. 그렇다고 나를 비난하는 사람을 피하지 않고 그대로 맞서 싸운다면 영원히 비난으로부터 자유로울 수 없다.

내가 잘나도 비난하고 못나도 비난하고 평범해도 비난을 한다. 내가 말이 많으면 많다고 비난하고 말이 없으면 없다고 비난하고 필요한 말을 하면 필요한 말만 한다고 비난한다. 남의 비난을 있는 그대로 알아차려서 하나의 대상으로 삼을 때 비로소 온갖 비난으로부터 자유로울 수 있다.

비난은 비난하는 사람의 것이지 나의 것이 아니다. 남의 비난을 경청하면 이미 저지른 잘못을 다시 저지르지 않고 아직 저지르지 않은 잘못을 새로 저지르지 않는다.

357. 존중 받으려면

내 몸이 소중하면 남의 몸도 소중하게 여겨야 한다. 내 몸만 소중하게 여기고 남의 몸은 소중하게 여기지 않으면 내 몸도 존중받지 못한다. 내 마음이 소중하면 남의 마음도 소중하게 여겨야 한다.

내 마음만 소중하게 여기고 남의 마음은 소중하게 여기지 않으면 내 마음도 존중받지 못한다. 내 것이 소중하면 남의 것도 소중하게 여겨야 한다. 내 것만 소중하고 남의 것은 소중하게 여기지 않으면 내 것도 존중받지 못한다.

내 남편이나 아내나 가족을 소중하게 여기면 남도 자신의 남편이나 아내나 가족을 소중하게 여긴다. 내가 남편이나 아내나 가족을 소중하게 여기지 않는데 누가 나의 남편이나 아내나 가족을 소중하게 여기겠는가?

358. 마음이 움직인다

몸이 움직이기 전에 먼저 마음이 움직인다. 몸과 마음은 함께 있지만 마음의 의도가 있어서 몸의 움직임이 있다. 마음의 의도가 없으면 몸이 움직일 수 없다. 의도가 있어서 몸이 움직이고 다시 이것을 마음이 안다.

이때 의도는 오온(五蘊)의 행(行)이고 아는 마음은 식(識)이다. 움직이는 것은 몸이지만 사실은 마음이 움직인다. 나뭇잎이 흔들리는 것을 보려는 마음의 의도가 있어서 나뭇잎이 흔들리는 것을 보고 이것을 마음이 안다.

나뭇잎이 움직이는 것을 보려는 마음의 의도로 시작되어 나뭇잎이 움직이는 것을 본 뒤에 이것을 마음이 아는 과정에서 움직인 것은 마음이다. 모든 것을 앞서서 이끌고 이것을 아는 마음에는 자아가 없다.

359. 삶의 진실

깨달음이란 자신의 몸과 마음을 있는 그대로 아는
것이다. 이렇게 알게 된 무상, 고, 무아의 지혜로 욕
망에서 벗어나는 것이 해탈의 자유다. 누구나 자신
의 몸과 마음을 있는 그대로 알아차리지 못하고 살
아 왔다.

그래서 내가 보고, 듣고, 냄새 맡고, 맛보고, 접촉하
고, 생각한다고 여겼다. 지금까지 내가 있다는 선입
관을 가지고 살아서 내가 없다는 것은 상상할 수 없
었다. 그간 이런 견해가 모든 괴로움의 원인이라는
사실도 알 수 없었다.

하지만 선한 행위를 해서 생긴 바라밀 공덕의 힘이
있으면 자신을 알아차릴 기회를 얻는다. 이렇게 해
서 생긴 힘으로 자신의 내면을 통찰하면 몸과 마음
은 있지만 이것을 소유하는 자아가 없음을 안다.

360. 탄생의 힘

일어난 것은 사라진다. 그러나 그냥 일어나고 사라지지 않는다. 일어난 힘이 사라지게 하고 사라지는 힘이 다시 일어나게 한다. 인간으로 태어나기 이전에 만들어진 과거의 힘이 인간으로 태어나도록 하고 다시 이 힘으로 살다가 이 힘으로 죽는다.

이렇게 죽지만 죽는 힘이 다시 태어나는 재생을 만든다. 일어남을 만드는 힘에 따라 일어남의 종류가 다르다. 인간으로 태어나는 것이나, 지옥, 축생, 아귀, 아수라, 욕계, 색계, 무색계에 태어나게 하는 힘이 그 세계의 생명으로 태어나게 한다.

인간으로 태어나서 어떤 힘을 만드느냐에 따라 다시 태어나지 않거나 각각의 힘에 따른 생명으로 태어난다. 이 힘이 과보의 굴레며 원인과 결과다.

361. 누가 보는가?

누가 보는가? 보려는 의도로 눈이 대상을 보고 마음
이 알뿐 내가 보는 것이 아니다. 누가 듣는가? 들으
려는 의도로 귀가 소리를 듣고 마음이 알뿐 내가 듣
는 것이 아니다. 누가 냄새를 맡는가? 냄새를 맡으
려는 의도로 코가 냄새를 맡고 마음이 알뿐 내가 맡
는 것이 아니다.

누가 맛을 아는가? 맛을 알려는 의도로 혀가 맛과
닿아서 마음이 알뿐 내가 아는 것이 아니다. 누가
몸으로 접촉하는가? 접촉하려는 의도로 몸이 대상
과 접촉하는 것을 마음이 알뿐 내가 접촉하는 것이
아니다.

누가 생각하는가? 생각하려는 의도로 마음이 접촉
하여 마음이 알뿐 내가 생각하는 것이 아니다. 조
건에 의한 정신과 물질만 있고 내가 없는 것이 바른
견해다.

362. 자신의 선택

자신에 관해 일어난 모든 일은 자신이 선택한 것이다. 설령 타인에 의해 선택할 수밖에 없었던 것도 결국에는 자신의 선택이다. 자신의 선택에 초월적 존재가 개입할 수 없으며 어떤 외부의 힘도 개입할 수 없다.

타인이 자신에게 어떤 영향을 미쳐도 영향을 받거나 받지 않는 것도 자신의 선택이다. 자신의 선택은 자신이 만든 원인이다. 자신이 만든 원인은 자신이 결과를 받는다. 어떤 행위를 하거나 행위는 행위를 한 자의 것이지 남의 것이 아니다.

마치 사람의 그림자가 사람을 따르듯이 두 가지는 떨어질 수 없다. 이런 자신도 자아가 있어서 이런 행위를 소유하거나 행위에 대한 결과를 받지 않는다. 단지 원인과 결과의 흐름만 있다.

363. 사랑하면 미워하지 않습니다

사랑은 인간이 살아가는 생명력이며 영양입니다.
사랑은 모든 존재들이 행복하기를 바라는 숭고한
마음입니다. 사랑은 햇빛처럼 모든 생명들에게 고
루 축복을 줍니다. 사랑이 없으면 메마른 나무와 같
지만 사랑이 있으면 잎이 푸르고 아름다운 꽃이 핀
나무와 같습니다.

순수한 사랑은 몸과 마음의 괴로움을 일으키지 않
습니다. 사랑은 사람이나 동물이나 식물이나 모든
생명들을 따뜻한 마음으로 받아들입니다. 크거나
작거나 보이거나 보이지 않는 모든 생명들이 살아
갈 수 있는 권리를 존중해야 진실한 사랑입니다.

사랑하면 미워하지 않습니다. 미움이 있으면 사랑
이 아닙니다. 사랑이 없으면 불행하게 살고 사랑이
있으면 행복하게 삽니다.

364. 죽지 않는 길

일어난 것은 사라집니다. 일어나지 않으면 사라지지 않습니다. 태어나면 죽습니다. 태어나지 않으면 죽지 않습니다. 죽지 않으려면 태어나지 않는 길밖에 없습니다. 나는 지금까지 하나의 생명으로 태어나서 죽는 일을 반복하면서 살아왔습니다.

하지만 다시 태어나지 않는 길을 몰라 이 길을 계속해서 갈 수밖에 없습니다. 사는 것이 괴로움인지 아는 사람은 다시 태어나지 않는 길을 갑니다. 사는 것이 즐거움이라고 아는 사람은 다시 태어나는 길을 갑니다.

삶이 괴로움이라는 지혜가 나면 욕망이 사라집니다. 그래서 다시 태어날 원인이 소멸하여 죽지 않습니다. 태어나서 죽는 것과 태어나지 않아서 죽지 않는 것은 오직 자신의 선택입니다.

365. 이렇게

이렇게 한해가 저물고 이렇게 한해가 새로 옵니다. 이렇게 가고 이렇게 오는 것이 바로 원인과 결과입니다. 내가 있어서 한해를 보내지 않고 새해를 맞이하지 않았습니다. 오직 자신의 행위에 대한 원인과 결과가 한해를 가게하고 새해를 맞이하게 합니다.

지난 한해를 잘 살았어도 이렇게 한해가 갑니다. 지난 한해를 잘못 살았어도 이렇게 한해가 갑니다. 하지만 한해가 간다는 사실에 모든 것이 묻혀버리지는 않습니다. 누구나 예외 없이 어떻게 살았느냐에 따라 합당한 결과를 받습니다.

한순간이 모여 한해가 되므로 지금 이 순간의 몸과 마음을 알아차려야 합니다. 한순간에 의해 행복한 결과가 오고 한순간에 의해 불행한 결과가 옵니다.

위빠사나문고 **옹달샘 6**

허공을 나는 새는 흔적을 남기지 않는다

2015년 5월 2일 1판 1쇄 인쇄
2015년 5월 8일 1판 1쇄 발행

지은이 | 묘원
펴낸이 | 곽준
디자인 | (주)아이나래(02-2272-8458)

펴낸곳 | (주)도서출판 행복한 숲
등　록 | 2004년 2월 10일 제16-3243호
주　소 | 서울시 강남구 논현동 98-12 청호불교문화원 나동 306호
전　화 | 02-512-5255, 512-5258
팩　스 | 02-512-5856
이메일 | sukha5255@hanmail.net
카　페 | cafe.daum.net/vipassanacenter

ⓒ묘원, 2015

ISBN 978-89-93613-41-4
값 10,000원

잘못 만들어진 책은 바꾸어 드립니다.